DIOS

3ª edición: noviembre 2021

Diseño de portada: Editorial Sirio, S.A.

www.editorialsirio.com
sirio@editorialsirio.com

I.S.B.N.: 978-84-16233-20-5
Depósito Legal: MA-339-2015

Impreso en Imagraf Impresores, S. A.
c/ Nabucco, 14 D - Pol. Alameda
29006 - Málaga

Impreso en España

Puedes seguirnos en Facebook, Twitter, YouTube e Instagram.

EMILIO CARRILLO

DIOS

EDITORIAL
SIRIO

Yo y el Padre somos Uno.
CRISTO JESÚS (Evangelio de Juan, 10, 30)

«Yo y el Padre somos Uno». Tú también eres Uno con Dios, pero todavía no te has enterado. El día que lo descubras, esa frase saldrá también de lo más hondo de tu ser.
FRAY MARCOS

Dios es yo; y yo soy Dios precisamente cuando ceso de ser yo, es decir, cuando dejo de identificarme con cualquier tipo de identidad, sea física, álmica o espiritual, sea individual o colectiva.
AL-HALLAJ

La idea de un Dios «exterior», ajeno a nosotros mismos, y la búsqueda del bienestar en el «exterior», fuera de nosotros mismos, son origen y causa del sufrimiento humano.
NAGUAL

PRÓLOGO

¿POR QUÉ EL HUMANO EN LA TIERRA?

Me elevo a un estrato cósmico y me interrogo:
¿qué significa la humana inteligencia
en un universo desmesurado,
un Todo organizado, secuencia de infinitudes?
¿Existe alguna relación entre lo humano terrenal
y lo inconmensurable cósmico?
El Todo cósmico y la Nada humana...,
relación de lo transitorio ante lo perdurable;
un instante frente a un eterno no-tiempo,
la sed en las cataratas de un Todo imperturbable.
¿Por qué la humanidad subsiste?
¿Será lo humano la energía impulsora
de un gigante cósmico?
Tras esta última reflexión, desciendo, inquieto,
las escaleras del pensamiento, y persisto:

¿es la inteligencia humana esencia de la cósmica?
¿Lo humano estructura lo inimaginable?
Antes de incorporarme a mi porción de Nada,
mi razón no se pregunta, sentencia
entre controlados aspavientos de júbilo:
la fuerza del pensamiento energiza consecuencias.
Quien razona qué es un Todo
no puede quedarse en Nada,
siendo de lo eterno el foco.
La rima me instala en el verso.
La razón al humano lo endiosa
y lo distancia de la materia,
transforma en espíritu su cuerpo
y lo convierte en fuerza creadora.
Me siento hermano de las estrellas
y molécula de un ente superior
al que podemos llamar Dios, causa y efecto.

José Luis González Cáceres,
poeta y presidente de la institución
literaria Noches del Baratillo

PADRE NUESTRO

Padre Nuestro, Vacío-Amor Eterno,
Esencia de todas las formas,
Expresión del Ser Evolutivo de todo.
Santificado sea tu Nombre.
Venga a nosotros la conciencia plena de lo que Somos:
Tú, en las formas humanas del libre albedrío.
Hágase en nosotros la Conciencia de Unicidad sin dualismos:
Aceptación y Amor de lo que Es, de lo que Acontece.
El pan nuestro de cada día, dánoslo hoy:
el Amor a todos y a todo.
Y que en Amor aprendamos de nuestras experiencias
y aceptemos nuestro proceso y el de los otros.
Líbranos de confundir la Esencia Eterna
con las formas perecederas.
Amén.

CONCHA REDONDO TARODO,
coordinadora de los Encuentros entre
Buscadores del Círculo Sierpes

INTRODUCCIÓN

REENCUENTRO EN WIÑAYMARCA

Conozco a Emilio Carrillo desde hace mucho, mucho tiempo. Tras un largo periplo vital sin coincidir, nos reencontramos pocos días antes del solsticio de invierno de 2012, cuando aceptó la invitación a gozar consciencialmente de tal evento en mi compañía y de mi gente, una pequeña comunidad enraizada étnicamente en el linaje Anu-kui-ghano y ubicada en los aledaños de Wiñaymarca, la «Ciudad Eterna» del lago Titicaca, en la frontera entre Bolivia y Perú, de la que mi pueblo es «guardián» desde épocas ancestrales.

Por ello, he sido testigo consciencial del Silencio interior que Emilio mantuvo desde poco antes de aquellas fechas hasta finales de abril de 2013. Y cuando sintió de Corazón su conclusión, fluyó naturalmente entre nosotros la conveniencia de que mantuviera una serie de conversaciones en las que, a modo de sucesivas entrevistas realizadas en su domicilio en Sevilla, volcara todo aquello que, tras casi cinco meses de quietud y recogimiento, estimara oportuno compartir.

Así se fue configurando, sin urgencias ni apremios y a caballo entre la primavera y el verano de 2013, el texto que estas líneas presentan, que es fruto de tales diálogos, además de los que sostuvo en paralelo con su amigo Deéelij. En todo caso, la labor del entrevistador se ha circunscrito siempre a efectuar las preguntas pertinentes para que Emilio se expresara. Y, vistos los resultados que se recogen en este libro, se ha tratado de una experiencia francamente extraordinaria.

Para aquellos lectores que estén menos familiarizados con la trayectoria de Emilio, aconsejo visitar tanto el que fuera su blog (http://emiliocarrillobenito.blogspot.com.es/) como la web *El Cielo en la Tierra* (http://elcieloenlatierra.wix.com/descargasyenlaces), en la que su buena amiga Sol, desde Buenos Aires, recopila altruistamente la mayor parte de sus libros, transcripciones de conferencias y vídeos y audios de sus charlas, talleres y películas-documentales.

DIOS

En un principio, lo único que Emilio tenía claro en su interior es que el eje de las conversaciones debía ser un tema del que, así, sin más, sin anestesia ni edulcorantes, se suele hablar poco: «Dios».

Recuerdo lo que me confió: «Siento que el momento evolutivo de la Humanidad impulsa naturalmente a que entremos de lleno en el meollo de la cuestión y dejemos de hablar de otros asuntos conscienciales y espirituales que, aun siendo relevantes, no hacen sino girar alrededor del núcleo principal. Y este núcleo es Dios: lo que es, supone y representa; y sus implicaciones para el ser humano y su vida práctica y cotidiana. Sé íntimamente que este es el momento».

A partir de ahí y con el diálogo iniciado como excusa y motor, Emilio desarrolló la honda introspección –no puede calificarse de otra manera– que se recoge en las dos entrevistas que configuran los primeros capítulos del presente libro, titulados «El Padre/Madre» y «La Naturaleza de Dios, que es la nuestra».

Lo que el lector encontrará en ellos es imposible de resumir y, desde luego, no se corresponde con la visión de Dios «ortodoxa» o «religiosa». Quizás solo quepa adelantar, siendo un tema sobre el que he indagado con dedicación y por el que siempre he sentido entusiasmo (vocablo que, como Emilio subraya, procede del griego y significa «Dios en mí»), que creo que en ningún escrito u obra contemporánea se aborda la Divinidad, así como sus impactos concretos y prácticos en nuestra vida, con la sapiencia, precisión, armonía, ternura y Amor que aquí se despliegan.

¿Exagero? Os animo a comprobarlo. Hallaréis los contenidos y repercusiones de la «tragedia del creyente», la «tragedia del incrédulo», la «tragedia de las religiones» y «la insoportable levedad del ego»; una potente aproximación a la «nueva» espiritualidad que brota en la Humanidad, y una atinadísima descripción del «retorno al Hogar», a la Divina Morada, anunciado por los místicos de todas las épocas y corrientes espirituales y experimentado por Emilio.

Esto servirá para constatar que Dios es yo –cada uno, todos y todo– y que yo soy Dios cuando ceso de ser «yo». Y para detallar las dos dimensiones –la «subyacente» o Inmanifestada y la «superficial» o Manifestada– que conviven e interactúan en la Unicidad y Unidad de Dios, así como sus impactos y efectos tanto en nuestro proceso evolutivo y consciencial como en nuestro día a día.

Por lo mismo, tendréis una ocasión única para conoceros mejor; para aceptaros y saber, a su vez, lo que realmente sois, recordando o descubriendo vuestro «verdadero ser» y «naturaleza esencial». Si abrís el Corazón, «escucháis» las palabras que se desparraman por los capítulos de la presente obra y estas resuenan en vuestro interior, os aseguro que la vida, vuestra vida, será otra, pues la Paz, el Amor y la comprensión de las pautas de la Creación habrán anclado en ella.

LA IDEA DE UN DIOS «EXTERIOR» Y LA BÚSQUEDA DEL BIENESTAR: ORIGEN Y CAUSA DEL SUFRIMIENTO

Tras los dos primeros capítulos, las entrevistas que los siguen se desenvolvieron por derroteros no programados inicialmente, surgiendo de la conversación de manera espontánea y sin previsión de ningún tipo.

No obstante, ahora, con lo compartido impreso ya en papel, se percibe fácilmente que la Providencia ha querido que tengan un destacado hilo conductor. ¿Cuál? Poner de manifiesto que la idea de Dios aún prevaleciente en la Humanidad y la búsqueda del bienestar que orienta la vida de la gente son el origen y la causa del sufrimiento humano: del sufrimiento que, en mayor o menor medida, viven todas las personas y del sufrimiento que tú, lector, puedas experimentar en tu propia vida.

Me explico. La idea de Dios que mayoritariamente comparten todavía los seres humanos es la de algo o alguien «exterior» a ellos. Esto provoca, por ejemplo, que la gente se posicione mentalmente como «creyente» o «no creyente». Los «creyentes» sí «creen» en la «existencia» de ese Dios externo, por lo que suelen profesar un determinado «credo» o religión; los «no creyentes» no «creen» en tal «existencia» y no hacen suya ninguna «fe». Ambas posturas –«creyente» y «no creyente»– parecen rotundamente opuestas y sus agrias controversias han sido y son abundantes, tanto hoy día como en la historia de la Humanidad. Sin embargo, Emilio muestra en sus reflexiones cómo las dos participan de idéntica base y tienen un mismo principio y fundamento: la percepción de un Dios «exterior».

Esta percepción sumerge a hombres y mujeres en el olvido de lo que realmente son, en la ignorancia de su «verdadero ser» y «naturaleza esencial» que, como las páginas que siguen exponen de manera pormenorizada, son absolutamente divinales, pues Dios es intrínsecamente yo –cada uno de nosotros–, todos y todo. Y el olvido e ignorancia de algo tan sublime les impide, a su vez, sentir la Felicidad, que es nuestro estado natural.

Al concebir un Dios exterior –para afirmarlo («creyente») o para negarlo («no creyente»), da igual–, el ser humano se desune mentalmente de la divinidad que constituye su genuino ser y naturaleza, y se contempla a sí mismo como algo separado de ella. La consecuencia directa es la identificación con un «yo» material, emocional y mental: el cuerpo físico, los sentidos corpóreo-mentales, los pensamientos y emociones que por medio de estos experimenta, la personalidad y, por fin, el «ego» y la «naturaleza egocéntrica» a todo ello ineludiblemente asociados.

Es así –enunciado tan esquemáticamente como a una introducción corresponde– como la idea de un Dios externo que comparten la mayoría de las personas las conduce a aferrarse a un «yo» y a una «naturaleza egocéntrica» que no son reales, sino puramente mentales, y las hace vivir en un estado de «ensoñación» en el que no se percatan de la «naturaleza esencial» y divinal que todos, sin excepción, atesoramos y a todos, sin exclusión, nos caracteriza. Y desde esa «naturaleza egocéntrica», se lanzan con vehemencia hacia fuera de ellas mismas –hacia el mundo y hacia los demás– en busca del «bien-estar» (placer, contento, cuidado, protección, seguridad, éxito, conocimientos, reconocimiento...), que no es sino un pobre sucedáneo de esa Felicidad o «Bien-Ser» que constituye el estado natural –innato, espontáneo, que no necesita ser buscado ni hallado– de lo que somos.

La búsqueda del bienestar en el «exterior» es, por tanto, la derivación lógica de la visión de un Dios «externo». Y se plasma en una cascada de deseos y anhelos de amplia gama. El objetivo es su satisfacción; y se utiliza como herramienta para ello la «experiencia dual»: el enjuiciamiento permanente de cuanto ocurre, etiquetando y clasificando cada vivencia como «positiva» o «negativa», «buena» o «mala», «agradable» o «desagradable»... Pero –como Emilio explica con paciencia y usando la bella metáfora de la imagen clásica de la diosa Justicia– cuando la satisfacción no se consigue, el ser humano siente tristeza y dolor («mal-estar»), lo que genera sufrimiento. Y cuando sí la logra, no se da cuenta de que esa satisfacción momentánea («bien-estar») es solo el preámbulo de más sufrimiento. Ello se debe a que el malestar y el bienestar, aunque simulen ser vivencias muy distintas, forman parte de una misma experiencia y beben de idéntica fuente: la ignorancia acerca de nuestro «verdadero ser» y «naturaleza esencial» y la identificación con un falso «yo» y una «naturaleza egocéntrica».

El bienestar que tanto se busca y el malestar que siempre se rechaza parecen seguir caminos radicalmente diferentes, pero en verdad parten de un mismo punto de salida –el olvido de lo que Somos– y desembocan inexorablemente en un mismo punto de llegada: el sufrimiento. El capítulo tercero se detiene especialmente en todo ello: en las causas del sufrimiento, en su auténtica dimensión cual mera ficción del ego y, por supuesto, en cómo evitarlo y superarlo.

¿Cómo evitar el sufrimiento? La clave radica en la toma de conciencia de que Dios es yo y yo soy Dios cuando ceso de ser «yo», es decir, cuando dejo de aferrarme a cualquier noción de identidad (sea física, álmica o espiritual; sea individual o colectiva) ajena a nuestro «verdadero ser» y «naturaleza esencial».

Y esto, lejos de ser una reflexión «teológica» o un artificio mental, es una experiencia eminentemente práctica que, como Emilio recalca, se materializa y despliega en la vida diaria, en el aquí y ahora, hasta permitir que el Amor que Somos –pues Amor es la esencia de nuestra naturaleza divinal– se vaya liberando de todas las capas conscienciales que, en nuestro proceso evolutivo, tapaban su Presencia e interferían en su Frecuencia. Se posibilita así que la Frecuencia de Amor impregne e impulse la globalidad de las actitudes con la que, de instante en instante, afrontamos los hechos, situaciones y circunstancias de la vida diaria.

«INNECESARIEDAD DE HACER» Y «EVOLUCIÓN»

Sin embargo, en lugar de ello y queriendo escapar del sufrimiento que experimenta, el ser humano se introduce en una dinámica egoica en la que sobresalen dos necesidades imperiosas generadas exclusivamente desde el «yo» y la mente: la «necesidad de hacer» muchas cosas, cuantas más mejor, y «realizarse» en ellas, y la «necesidad de cambio», sea de uno mismo, de aquellos con los que convivimos o del mundo en general. Pero ambas necesidades son, simplemente, una huida hacia delante. Y producen, a la postre, el mismo sufrimiento que se quería evitar o superar.

Lo Real es que no hay necesidad, requerimiento, obligación, exigencia, compromiso o deber alguno de hacer nada. Y esta toma de conciencia, que ocupa el capítulo cuarto, se halla ineludiblemente unida, como en él se indica, a la percepción de que la Providencia actúa a cada instante, que la Vida es un Milagro continuo y que ya todo Es y nosotros mismos Somos todo aquello que nuestro Corazón puede anhelar. El ego nunca admitirá lo Real, pues es un «objeto mental», y su entidad y esencia es virtual y especulativa. Y la «innecesariedad de hacer» le resulta inadmisible. Tiene motivos para ello, ya que tal innecesariedad desvela el gran secreto del que depende su propia supervivencia: todo aquello que mentalmente creemos necesario hacer, que es de lo que el ego se alimenta, es pura fantasía y vanidad egoica.

Y lo Real es que en la Creación nada se halla estancado o inamovible. Como se recoge en el quinto capítulo, todo se encuentra en persistente Evolución, y esta constituye el Orden Natural, tal como evidencian, por ejemplo, el principio hermético del ritmo, la visión oriental en torno al Tao o el *Ordo Amoris* (el Orden de Amor) de san Agustín. La idea o voluntad de cambio supone desconocer esa Evolución inmanente, con sus procesos y ritmos naturales, y pretender neciamente «marcar el paso» desde el ego para que las cosas se ajusten a lo que «yo» deseo, cuando «yo» deseo y de la manera que «yo» deseo. Nada se logra con ello, salvo provocar que la Evolución natural marche «cuesta arriba»: al fluir desde la aceptación, la Evolución discurre armónicamente; por el contrario, el propósito de cambio distorsiona el devenir evolutivo y hace fatigoso y sufrido lo que en sí es puro fluir en completa Libertad (que es la total ausencia de miedos).

ACOMPAÑAMIENTO

Y si no es preciso «hacer» nada y no hay necesidad alguna de «cambio», ¿por qué Emilio comparte sus inspiraciones, intuiciones, vivencias y experiencias en las entrevistas que aquí se recopilan? Él mismo se encarga de aclararlo a medida que van transcurriendo, subrayando que no pretende que nada ni nadie «cambie», pues, como ya se ha insistido, todo se halla en proceso evolutivo, cada cual el suyo, y, en su seno, todo tiene su porqué y su para qué. Y tampoco persigue «ayudar» a nadie, pues ha comprendido e interiorizado la citada «innecesariedad de hacer» y la enorme carga de vanidad que supone querer incidir o interferir en el desenvolvimiento de algo que fluye, refluye y confluye en el Amor de cuanto Es y Acontece.

¿Qué hace entonces? Muy sencillo: practicar lo que la etnia a la que pertenezco heredó de sus ancestros: «vivir viviendo», de instante en instante, centrado en su «verdadero ser» y «naturaleza esencial» y divinal, que bien sabe que es la de todos, con Confianza en la Providencia y en la Vida y en la Frecuencia de Amor. Y en ese «vivir viviendo», ante los hechos, sucesos y acontecimientos que la propia vida –no la programación mental ni la búsqueda de bienestar– va poniéndole por delante, ejercita sus dones y talentos –cada cual cuenta con los suyos– de manera espontánea y natural y sin querer levantar en los demás ni admiración –que es lo que le gustaría al narcisismo del ego, siempre queriendo «seducir» a los demás para reafirmarse– ni reconocimiento o valoración positiva –que es lo que pretende la parte del ego que se halla en constante actitud defensiva.

Y en ese ejercicio de dones y talentos, practica el Acompañamiento: acompaña en el aquí y ahora, con Amor y en Amor, a sus congéneres y se siente acompañado por ellos, cada cual en su estado consciencial y momento evolutivo, ninguno «mejor» o peor, «superior» o «inferior». El Acompañamiento requiere respeto absoluto al otro y Aceptación plena de su proceso y de las experiencias que en él vivencia, incluido, desde luego, el estado de ensoñación y el sufrimiento que en él puedan estar sintiendo como real. Y el Acompañamiento se desarrolla con «Con-Pasión», es decir, poniéndose en el lugar del otro para compartir lo que siente y llenando esa «Con-Pasión» de la Frecuencia de Amor que emana de nuestro «verdadero ser».

«FÍSICA DE LA DEIDAD»

Así, como ejercicio natural y espontáneo de sus dones y talentos y desde el Acompañamiento, ha emanado y brotado el presente texto, que se cierra con un maravilloso capítulo, el sexto y último, dedicado a la física de la Deidad.

Se ocupa esta del discernimiento de Dios y su Naturaleza, con todo lo que conlleva, compaginando la introspección interior con las aportaciones científicas más de vanguardia, sobre todo de la física y la astrofísica, desde la sabiduría profunda de que, más allá de los dualismos ficticios derivados de la «experiencia dual» anteriormente citada, no hay división entre ciencia y espiritualidad.

Como Emilio señala, ambas son realmente como la letra y la música de una misma y hermosa canción que armónicamente nos revela que nada está vedado o escondido: que basta con mirar para poder «ver».

Y a esto, a «ver», os invitan las páginas que siguen. ¡Disfrutadlas desde la Felicidad que configura el estado natural de nuestro «verdadero ser» y «naturaleza esencial» y divinal! Y hacedlo sin prisas, sosegadamente, saboreando cada reflexión, cada inspiración, cada intuición y cada meditación de las muchas que llenan el libro.

Nagual,
chamán de los Anu-kui-ghanos,
Wiñaymarca, 12 de agosto de 2013

Capítulo 1

EL PADRE/MADRE

«CREENCIA» Y «EXISTENCIA» DE DIOS

Hola, Emilio... ¿Podemos comenzar esta conversación con una cuestión muy directa y que requiere una respuesta franca y, hasta cierto punto, comprometida?

¡Claro! ¿Para qué, si no, ha querido la Providencia que mantengamos este encuentro...?

¿Eres «creyente»?

No.

¿Existe Dios?

No.

Te agradezco tu sinceridad y que no te andes por las ramas. Pero, entonces, ¿por qué hablas tanto de Dios en tus charlas y textos?

¡Cómo no voy a hacerlo cuando Dios es Todo y se manifiesta y acontece a cada instante!

Si esto es así, no comprendo tus contestaciones previas.

Me has preguntado si soy «creyente», que deriva del verbo «creer», y si Dios «existe», conjugación del verbo «existir». ¿Me permites que acudamos al *Diccionario de la Lengua Española*, de la Real Academia, para verificar el significado de «creer» y «existir»?

¡Tú mismo...!

En lo relativo a «creer», el *Diccionario* señala siete acepciones. La primera es: «Tener por cierto algo que el entendimiento no alcanza o que no está comprobado o demostrado». La segunda: «Dar firme asenso a las verdades reveladas por Dios». Y la sexta acepción se refiere, sin ambages, a «creer en Dios». En cuanto a «existir», la Academia ofrece tres posibles usos: «Dicho de una cosa, ser real y verdadera»; «tener vida»; y «haber, estar o hallarse».

Aplicado al caso, lo que el Corazón y mi experiencia consciencial y espiritual me indican es que ninguna de estas definiciones o determinaciones tienen nada que ver con Dios. ¡Absolutamente nada!

Porque el entendimiento humano sí puede «alcanzar» a Dios, ya que Dios es, íntima y primordialmente, cada uno de nosotros. Y Dios no puede «revelarnos» nada, pues no es ajeno o distinto a nosotros mismos, y la «revelación» exige una diferenciación y una separación entre quien la da y quien la recibe. Por ello, con relación a Dios, de nada valen ni el verbo «creer» ni la expresión «creyente».

Y porque Dios no es una «cosa», ni «tiene» vida, ni «está» ni se «halla» en parte alguna, tampoco en el célebre

Cielo. Por lo que a Dios tampoco le es de asignación el verbo «existir», ni cabe, por tanto, afirmar que «Dios existe».

¿Por qué, entonces, tanta gente se dice «creyente»?

Desde el punto de vista espiritual, todos los hombres y mujeres gozamos de la misma «naturaleza esencial». Y desde el físico-material, todos tenemos idénticos derechos inalienables y dignidad. Sin embargo, no todos percibimos el mundo que nos rodea y a nosotros mismos de modo similar, ni hemos desarrollado idénticas convicciones y certidumbres.

Esto obedece a que los seres humanos no experimentamos un nivel de conciencia análogo, sino que hay muchos niveles posibles a la hora de contemplar la «realidad»; y cada persona hace suyo y despliega el que, en libre albedrío, estime oportuno.

Ningún nivel es ni «mejor» ni «peor» que los demás, sino que cada uno se ajusta y corresponde a la etapa del proceso evolutivo en el que cada ser humano se halla, lo que está ligado, a su vez, al grado de asimilación e interiorización consciencial obtenido de las experiencias vividas y acumuladas tanto en esta vida física como a lo largo de la cadena de vidas o «reencarnaciones» que configura nuestra encarnación, la de la dimensión espiritual de cada cual, en este plano humano. Y esto no es solo así con relación a la Humanidad, sino que sucede en el marco de la infinidad de modalidades de vida y existencia que en la Creación bullen y se desenvuelven, con las particularidades específicas de cada caso, que varían enormemente en función de la dimensión en la que se inscriben.

Tal diversidad de niveles conscienciales no es un error ni una anomalía de la Creación, sino algo sublime y maravilloso.

Y ante ella, el respeto al proceso de cada uno es fundamental. No ya un respeto frío, distante o displicente, sino cálido, acogedor y lleno de Amor. De hecho, el Amor es la fuente de tanta diversidad y el origen y sostén del libre albedrío. Y es la actitud «natural» con la que hay que contemplar y aceptar la diversidad consciencial.

En este escenario y atendiendo a tu pregunta, es indudable que son numerosas las personas que, en el lenguaje cotidiano, se declaran «creyentes» o hablan de «creer» en Dios o de que Dios «existe». Y es perfecto, no pasa nada. Simplemente, en su proceso evolutivo, aún no han tomado conciencia de que así, desde sus pensamientos, ideas y esquemas mentales, están marcando una división y una distancia y fabricando una frontera entre Dios y ellas, lo que conduce a la visión de Dios como algo o alguien «exterior». Pero esa escisión y esa barrera son solo una ficción mental; no son reales.

¿Y los que se consideran «no creyentes»?

Hay que resaltar que esta visión de un Dios exterior a nosotros mismos es compartida por «creyentes» (en cualquiera de los muchos «credos» existentes) y «no creyentes» (ateos, agnósticos, escépticos, incrédulos...), que en este punto se igualan y emparejan. Los «creyentes» creen en Él; y los «no creyentes», no. Pero los unos y los otros parten de idéntico enfoque de Dios como algo o alguien separado y distante.

Paradigmática al respecto es la frase atribuida a Yuri Gagarin, el primer cosmonauta en viajar al espacio, en 1961, a bordo de la nave *Vostok 1*. Según los medios soviéticos, durante la órbita, Gagarin afirmó: «Aquí no veo a ningún Dios». ¡Es una espléndida síntesis de lo que la concepción de un Dios exterior significa e implica! Aunque lo cierto es que no hay grabación que demuestre que el cosmonauta pronunciara esa frase. En cambio, se sabe que el dirigente ruso Nikita Kruschev dijo una vez: «Gagarin estuvo en el espacio, pero no vio a ningún Dios allí». Estas palabras fueron luego asignadas a Gagarin.

En cualquier caso, las frases «aquí [en el espacio] no veo a ningún Dios» y «no vio a ningún Dios allí [en el espacio]» reflejan muy bien la percepción de ese Dios exterior que, en última instancia, comparten y hacen suya «creyentes» y «no creyentes».

Sin embargo, lo Real es que entre Dios y yo –cada uno de nosotros– no hay ruptura o segregación posible. Imaginar lo contrario representa una monumental falacia y pone de manifiesto una visión consciencial de Dios que, con ánimo puramente descriptivo y sin pretender desacreditar el proceso de nadie, puede ser calificada como «primitiva» en términos antropológicos y evolutivos.

DIOS ES YO, Y YO SOY DIOS PRECISAMENTE CUANDO CESO DE SER «YO»

Vale... Descartados «creyente», «creer» y «existir», ¿cuál es tu conocimiento de Dios?

¿Conocimiento? Se me viene a la memoria un *rubayat* que Muhammad Rumi, el genial poeta y místico sufí, escribió en el siglo XIII:

«Dije: Cuando te conozca, pereceré.
Dijo: Para quien me conoce, muerte no habrá».

¡Hermosísimo! Pero háblame de Dios con palabras tuyas, que emanen de tu interior...

Nuevamente el Amor. El Amor es lo primero que me fluye desde el Corazón al compartir sobre Dios. En la Primera Carta de Juan (1 Juan, 4, 7-8), se indica: «El Amor es Dios; y todo aquel que ama conoce a Dios. El que no ama no ha conocido a Dios, porque Dios es Amor».

Y en el Amor y desde mi interior, «veo», siento y percibo que Dios es No-Ser: cuando solo hay Amor, no hay Nada, es la propia Fuente. Y Dios, no siendo, Es: Dios es No-Ser y Ser.

Por lo mismo, Dios, siendo Vacío, es Plenitud: el Vacío Absoluto es el del Todo Absoluto; cuando hay Todo, no hay Nada. Dios, siendo Nada, es Todo, sin excepción. Y Todo, sin exclusión de nada, es Dios. Ese Todo te incluye a ti, a mí, a todos y a todo.

Al percibir esto desde el Corazón, brotando de nuestro interior más sagrado, la vida se transforma en Vida, desaparece cualquier clase de miedo, la Libertad todo lo llena y solo se siente la Felicidad, que es nuestro estado natural.

¿Quieres decir que tú eres Dios?

¡Ja, ja, ja...! Se cuenta que eso mismo le espetó el verdugo a Mansur Al-Hallaj –otro poeta y místico sufí, trescientos cincuenta años anterior a Rumi– en el potro de martirio, al que le condenaron por poner en tela de juicio la concepción ortodoxa de la divinidad.

Por este motivo, fue crucificado, mutilado, quemado y ejecutado mediante la horca.

¡Vaya, hombre...!

Curiosamente, Al-Hallaj fue admirador y seguidor de Isa –nombre árabe de Jesús de Nazaret, que en el Corán aparece más veces que el de Mahoma– y de sus enseñanzas sobre el Amor. Y falleció consciente de que su muerte contenía también el mensaje redentor de la pasión.

¿Y qué contestó Al-Hallaj al verdugo ante la pregunta de si era Dios?

«Querido hermano, es exactamente al revés: Dios es yo; y yo soy Dios precisamente cuando ceso de ser "yo", es decir, cuando dejo de identificarme con cualquier tipo de identidad, sea física, álmica o espiritual, sea individual o colectiva».

¿Haces tuya esta respuesta de Al-Hallaj?

Plenamente.

Y mientras no se produce tal cese, ¿quién es ese «yo»?; ¿no es igualmente Dios dado que Dios es Todo, todo lo engloba y todo Es?

Ese «yo» es el ego. Atado a una «naturaleza egocéntrica», se resiste a dejar de sentirse una identidad separada. Y por supuesto que pertenece a la Unidad y Unicidad de cuanto Es y se integra en ellas. Ahora bien, su existencia es efímera y su esencia ilusoria.

De hecho, como iremos constatando, ese «yo» aparece solo como creación mental-consciencial en un punto concreto del proceso evolutivo. Y se diluye sin más una vez que ha desempeñado su papel en el seno de ese proceso.

O sea, que compartes la convicción de que Dios es yo y yo soy Dios precisamente cuando ceso de ser «yo».

Pletóricamente.

LA PARÁBOLA DEL «HIJO PRÓDIGO»

¿Cómo has llegado a sentirlo o saberlo?

¿Has oído hablar de la parábola del «hijo pródigo»?

¡Quién no!

¿En cuál de los personajes que la protagonizan te reconoces más?

Parece que hemos intercambiado los papeles y ahora eres tú el que interroga. No hay problema. Pero lo cierto es que no te comprendo bien...

Repasa mentalmente el relato que configura la parábola...

En la narración interaccionan tres personajes: el «hijo pródigo», que es el de menor edad; el otro hijo, que es el mayor y permanece junto al padre, y el propio padre. ¿Con cuál de ellos te identificas?

Nunca me lo he planteado. Diría que la parábola se dirige a que nos identifiquemos con el hijo menor, con el «pródigo», que simboliza la rebeldía, frente al hermano mayor, que escenifica el sometimiento.

¿Has leído *El regreso del hijo pródigo*, de Henri Nouwen?

No.

Es fácil acceder al libro a través de Internet, aunque merece la pena disfrutar de la cuidada edición impresa realizada por PPC. El autor, por medio de la contemplación del cuadro del mismo título pintado por Rembrandt en el siglo XVII,

EL HIJO PRÓDIGO

Un hombre tenía dos hijos; y el menor de ellos le dijo: «Padre, dame la parte de la hacienda que me corresponde». Y el padre les repartió la hacienda. Pocos días después el hijo menor lo reunió todo y se marchó a un país lejano, donde malgastó su hacienda viviendo como un libertino.

Cuando hubo gastado todo, sobrevino un hambre extrema y comenzó a pasar necesidad. Entonces, fue y se ajustó con uno de los ciudadanos de aquel país, que le envió a sus fincas a apacentar puercos. Y deseaba llenar su vientre con las algarrobas que comían los puercos, pero nadie se las daba.

Y entrando en sí mismo, dijo: «¡Cuántos jornaleros de mi padre tienen pan en abundancia, mientras que yo aquí me muero de hambre! Me levantaré, iré a mi padre y le diré: "Padre, pequé contra el Cielo y ante ti. Ya no merezco ser llamado hijo tuyo, trátame como a uno de tus jornaleros". Y, levantándose, partió hacia su padre.

Estando todavía lejos, su padre le vio llegar y, conmovido, corrió, se echó a su cuello y le besó efusivamente. El hijo le dijo: «Padre, pequé contra el Cielo y ante ti; ya no merezco ser llamado hijo tuyo». Pero el padre dijo a sus siervos: «Traed aprisa el mejor vestido y vestidle, ponedle un anillo en su mano y unas sandalias en los pies. Traed el novillo cebado, matadlo y comamos y celebremos una fiesta, porque este hijo mío estaba muerto y ha vuelto a la vida; estaba perdido y ha sido hallado». Y comenzaron las fiestas.

Su hijo mayor estaba en el campo y, al volver, cuando se acercó a la casa, oyó la música y las danzas; y llamando a uno de los criados, le preguntó qué era aquello. Le respondió: «Ha vuelto tu hermano y tu padre ha matado el novillo cebado, porque lo ha recobrado sano».

El hijo mayor se irritó y no quería entrar. Salió su padre y le suplicaba. Pero él replicó a su padre: «Hace tantos años que te sirvo y jamás dejé de cumplir una orden tuya, pero nunca me has dado un cabrito para tener una fiesta con mis amigos; y ¡ahora que ha venido ese hijo tuyo, que ha devorado tu hacienda con prostitutas, has matado para él un novillo cebado!».

Pero el padre le contestó: «Hijo, tú siempre estás conmigo y todo lo mío es tuyo; pero convenía celebrar una fiesta y alegrarse, porque este hermano tuyo estaba muerto y ha vuelto a la vida; estaba perdido y ha sido hallado».

Evangelio de Lucas, 15, 11-32

nos ayuda a discernir el calado de la parábola hasta percibir la confusión que supone llamarla del «hijo pródigo». La insistencia maniquea de la religión en el «pecado» ha provocado la interpretación de la parábola de manera unilateral.

¿Y cuál es el mensaje genuino?

Lo intentaré sintetizar del mejor modo posible. Y me será de gran ayuda lo explicado al respecto por Fray Marcos, el septuagenario dominico leonés de la Comunidad de Parquelagos (http://www.feadulta.com/es/marcos.html) que, al abordar la parábola, empieza resaltando la necesidad de interpretarla no desde la perspectiva de un «Dios externo» a nosotros, sino desde la de un Dios que se manifiesta –al hilo de lo antes enunciado– en nosotros mismos sin división ni separación.

Intuyo que es capital, para asimilar bien lo que ahora viene, esta diferente óptica –«Dios exterior» versus «Dios interior»– en el enfoque de la divinidad.

Así es, aunque, para evitar equívocos, hay que ahondar en lo que apuntas con lo de «Dios interior» resaltando y constatando que Dios es Uno y, a la vez, es yo, tú, todos y Todo. Lo haremos durante la entrevista.

Igualmente, permíteme que insista, antes de entrar en lo que viene, en la importancia de aceptar y respetar con Amor y en Amor el proceso evolutivo y consciencial de cada cual. Y la visión de un Dios exterior a nosotros es consustancial a una fase concreta del proceso evolutivo, hallándose asociada a un determinado nivel o estado consciencial.

En este sentido, lo que compartiré a continuación no lo haré porque me considere «superior» o «mejor» que nadie. Ni, desde luego, para que alguien o algo «cambie». Carezco de pretensión alguna de que nada ni nadie «cambie», pues soy consciente de que todo es dinámico de por sí: todos y todo nos hallamos en Evolución de forma natural bajo el impulso y la batuta del Amor que inunda la Creación. ¿A cuenta de qué –sino de la vanidad del ego– iba a querer terciar, intervenir o interferir en algo tan perfecto? Sencillamente, lo haré para que nos observemos, como quien se mira en un espejo. Una autoobservación asentada en el Amor y que facilita y nutre el fluir natural de la Evolución y de los procesos evolutivos y conscienciales que en ella se encuadran.

EL HIJO MENOR, EL HIJO MAYOR Y EL PADRE

Continúa, por favor...

El hijo menor simboliza la separación voluntaria del padre, es decir, de nuestro «verdadero ser» y «naturaleza esencial» y divinal. Y, a partir de esta ruptura con lo que somos, la identificación con lo que no somos: el «yo», el ego, la «naturaleza egocéntrica» y narcisista que nos domina durante una fase del proceso evolutivo y consciencial en la que aún no hemos descubierto lo que realmente somos.

Siguiendo el símil empleado en *La ola es el mar*, quizás la obra más divulgada del monje benedictino y maestro zen alemán Willigis Jäger (http://www.edesclee.com/pdfs/9788433016713.pdf), es la ola que se siente capaz de vivir sin el mar, al que llega a considerar una cárcel. Quiere seguir siendo «yo», opone resistencia a todo lo que no es ella y cree que lo que no es ella la puede aniquilar. De ahí, tarde o temprano, surge la inseguridad y la insatisfacción. Y tiene que retornar a su «verdadero ser» –evolucionar consciencialmente gracias a las experiencias vividas– porque lo que logra en su empeño de «ser ola» nunca podrá llenarla.

¿Y el hijo mayor?

El hijo mayor, por su parte, representa igualmente el aferramiento al ego, pero es un «yo» (ola) que ya ha percibido su «verdadero ser» (la existencia del mar), aunque todavía no se ha identificado con él.

En el proceso consciencial, vive al lado de su «naturaleza esencial» (el Padre), pero sigue aún apegado a su «naturaleza egocéntrica» (hijo, ola). De ahí que permanezca en la dualidad y continúe creyendo que la individualidad es imprescindible. Y no puede aceptar ni los procesos conscienciales ni el «verdadero ser» de los demás (las otras olas del mar), porque para ello hay que interiorizar y asumir antes el «verdadero ser» de uno mismo (percatarse de que no se es ola, sino mar, y, a partir de ahí, que mar son también las demás olas). El Padre que ya ha descubierto y acepta en el exterior, lo tendrá que descubrir en su interior y en los demás (el hermano).

El aparente buen comportamiento del hijo mayor está motivado por el interés y por el miedo a perder la protección y el favor del padre. No es ninguna virtud, sino manifestación de egoísmo y carencia de seguridad en sí mismo. Le falta dar un paso evolutivo trascendental: el desprendimiento del ego y de toda noción o percepción de identidad, sea individual o colectiva, sea física, álmica o espiritual, y la exclusiva identificación con lo que hay de divino en él.

Y lo que hay de divino en ambos hijos es el padre...

¡Efectivamente! Recuerda: «Dios es yo».

Indica la parábola: «Estando todavía lejos, su padre le vio llegar y, conmovido, corrió, se echó a su cuello y le besó efusivamente». Es decir, al Padre nadie tiene que avisarlo del regreso a casa del hijo. Nadie tiene que decirle que el hijo ha vuelto porque, desde que se fue, sale continuamente a la puerta esperando su retorno al Hogar. Y lo reconoce de lejos, aunque el hijo venga hecho un andrajoso. Y sale corriendo, volando, a llenarlo de besos. Y esto no solo es maravilloso: ¡es Divino! Y también lo es que podamos cambiar «estando todavía lejos, él (el padre) nos ve llegar» por «estando todavía lejos, él (el padre) nos ve venir y nos reconoce». Porque, por muy lejos que nos vayamos, nos apartemos o le neguemos, el Padre siempre está a la puerta aguardando nuestro regreso.

No en balde, el Padre es nuestro «verdadero ser», nuestra «naturaleza esencial». Es la realidad que, en el proceso evolutivo y por vía de la asimilación e interiorización consciencial de las experiencias vividas, descubrimos en lo hondo de nosotros mismos, dejando atrás cualquier atisbo de nuestra anterior identificación con el ego y la «naturaleza egocéntrica».

Cuando este descubrimiento o toma de conciencia acontece, la Paz llena nuestro interior, se comprende más allá del intelecto cómo funciona y opera la Creación, emana la Confianza absoluta en que todo tiene su porqué y para qué, y se percibe cómo todo fluye, refluye y confluye en la perfección de cuanto Es.

Y en la medida en que lo precedente echa raíces en nuestro interior, se constata que hasta la idea de «perfección» era una inercia de la dualidad en la que vivíamos cuando nos identificábamos con un «yo»: no es que todo sea perfecto, sino que todo, sencillamente, «Es». Y este «Es» contiene intrínsecamente la perfección, pues no hay imperfección posible, y se corresponde con un significado del verbo «ser» que el *Diccionario de la Lengua Española* recoge como la séptima de sus acepciones: «Acontecer».

Por tanto, el todo «Es» supone que todo, simplemente, «acontece».

Y acontece cual Experiencia que se despliega y es expresión de Vida y Conciencia: Vida, que es Una y es de todos y todo; Conciencia, que es Una y es de todos y todo, y Experiencia, que es Una y es de todos y todo, si bien está compuesta de infinidad de experiencias que no son ni «positivas» ni «negativas», sino «experiencias» –sin más, sin «etiquetas» dualistas–, todas precisas y preciosas en el contexto del proceso evolutivo de cada cual, de cada una de las formas y modalidades de vida y existencia que hay en la Creación y en el cosmos.

Solo cuando esa toma de conciencia ocurre, podemos descubrir el «verdadero ser» y la «naturaleza esencial» de los demás, de todos y de todo sin excepción ni exclusión, que constataremos que son, igualmente, el ser y la naturaleza del Padre y, por tanto, idénticos a los que hay en «mí», en «ti»... En ese punto, la Aceptación echará raíces y cristalizará amorosa y apaciblemente en nuestro Corazón para siempre.

La figura del Padre no hace referencia a un Dios externo que nos ama desde fuera –el Dios separado que falsamente generan el ego y la mente–, sino al Dios que es Uno y es cada uno, el Dios que es Uno y es yo, tú, todos y Todo. Esto es lo Real. Y es una Realidad gozosa, jubilosa, que siempre se halla abierta de par en par, esperando abrazar todo lo que hay en nosotros. Y nunca lucha contra nada, sino que intenta abarcar todo e integrarlo en ella misma con Amor y Aceptación.

Ser un auténtico hijo no es vivir sometido al padre (hijo mayor) o voluntariamente alejado de él (hijo menor), sino imitarle y emularle hasta hacerse uno con él y en él....

El «hijo pródigo» y el «hijo mayor» simbolizan etapas del proceso evolutivo y consciencial que todos experimentamos, por las que todos pasamos, sea en esta vida física o en otras reencarnaciones.

Sin embargo, en nuestro interior siempre hay una voz –la de nuestro «verdadero ser» y «naturaleza esencial» y divinal– que, respetando nuestro discurrir y libertad, nos invita constantemente a «ir más allá» en el devenir evolutivo hasta que, consciencialmente y en libre albedrío, nos hagamos uno con el Padre, que es lo que nunca hemos dejado de ser, aunque en nuestra singladura evolutiva y consciencial lo hayamos olvidado.

El Padre, desde el que permanente y eternamente se origina y expande la Creación, es, a la par, la fuerza de atracción y absorción de toda ella. Y este flujo «Expansión-Absorción» es, metafóricamente expresado, «el latir del Corazón de Dios»: su diástole y su sístole, la dilatación y la contracción, que empuja e impele una nueva dilatación.

LA INSOPORTABLE LEVEDAD DEL EGO

¿Tenemos que dejar de ser «hermano menor» y «hermano mayor» para transformarnos, finalmente, en «Padre»?

No es que «tengamos» que transformarnos en Padre (Dios), ¡es que ya lo Somos! No se trata, por tanto, de que «cambiemos», sino de que «evolucionemos» consciencialmente hasta percatarnos en libre albedrío de lo que realmente Somos.

Dios es todo y es todas las formas y modalidades de vida y existencia. Y todas están llamadas a tomar conciencia de ello, pero no por imposición, sino en libertad y en el seno de un hermoso y colosal proceso evolutivo y consciencial continuo. Y todas sin excepción alcanzan esa toma de conciencia. Sin prisas, sin pausa, al ritmo del proceso evolutivo de cada cual en el contexto de la Evolución y el Orden Natural: el Tao de la espiritualidad oriental, el Orden del Amor (*Ordo Amoris*) de san Agustín, que es el Orden que deviene del Amor y genera más Amor.

Aunque el ego lo rechace en su afán de concebirse como «algo», en su ansia de «darse importancia» a través de la fabricación mental de una identidad propia y una individualidad separada, el Padre es nuestro «verdadero ser» y nuestra «naturaleza esencial»: Dios es yo, y yo soy Dios precisamente cuando dejo de ser yo, esto es, cuando tomo conciencia de mi «verdadero ser» y «naturaleza esencial».

Como ya hemos compartido, el libre albedrío merece el mayor de los respetos, pues es fruto del Amor que llena, expande y colma la Creación: sin Amor no habría libre albedrío. Y la Aceptación implica intrínsecamente el respeto absoluto al proceso evolutivo –consciencial, espiritual– de cada cual y a las experiencias que, dentro de ese proceso y en cada una de sus etapas, se han de vivenciar.

Entendiendo el respeto al que aludes, no deja de sorprenderme nuestro empeño en identificarnos con lo que no somos y nuestra dificultad para tomar conciencia de lo que Somos

Esta aparente contradicción no es tal, sino un hecho y un proceso armónicamente integrado en el Orden Natural y el devenir evolutivo por el que todas las formas y modalidades de vida existentes en la Creación toman conciencia en libre albedrío de su divinidad.

No obstante, es verdad que visto desde fuera, como un observador imparcial, resulta paradójico que, a merced de las directrices del ego, tantos seres humanos opten libremente por identificarse en exclusiva con un cuerpo físico, unos sentidos corpóreo-mentales y una vida material, todos con fecha de caducidad limitada a un puñado de años, en lugar de tomar conciencia de su divinidad –«verdadero ser» y «naturaleza esencial»–, que conlleva, entre otras cosas, la Vida Eterna y la apertura de otros sentidos y «ventanas» consciencíales para percibir lo Real.

Pero el ego es así. Jugando con el título de la novela de Milan Kundera, así es «la insoportable levedad del ego».

LA TRAGEDIA DEL «INCRÉDULO» Y LA TRAGEDIA DEL «CREYENTE»

Hace tiempo que leí La insoportable levedad del ser, *una de las obras cumbres de Kundera... Atendiendo a la parábola, los dos hermanos, tanto el menor como el mayor, se muestran muy influidos por esa «insoportable levedad del ego».*

Normalmente, hemos considerado que la parábola se dirige a los «hijos pródigos», dando por supuesto que todos tenemos mucho de hijo menor, que es el «malo». Y es relativamente fácil sentirse hijo pródigo.

Es sencillo reparar en que hemos dilapidado un capital que se nos ha entregado antes de merecerlo, que hemos renunciado al padre y a la casa, deseando que estuviera muerto para heredar, traicionando a la familia y renegando del entorno en el que se había desarrollado nuestra existencia. Todo para potenciar nuestro egoísmo y satisfacer nuestro hedonismo a costa de lo que se nos había entregado con Amor. En su proceso evolutivo, es la tragedia –por denominarlo de algún modo– en la que viven los que se consideran «ateos», «incrédulos», «agnósticos», «escépticos»... Eso sí: la situación desesperada a la que el hijo menor llega le ayuda (nos ayuda) a darse (darnos) cuenta de que esas vivencias y experiencias no le (nos) proporcionan la plenitud.

El hijo mayor no sale mejor parado en la parábola, aunque debe ser objeto de una reflexión más detallada debido a que es más difícil que lo descubramos en nosotros, aunque todos presentamos más rasgos del hijo mayor que del menor.

Por un lado, tenemos mucho de hijo mayor porque, al no habernos hecho uno con el Padre, no percibimos que rechazar al hermano es rehuir y repudiar al Padre. Por ello, con frecuencia, no entendemos el amor del padre para con los pródigos. Y hasta nos irrita y molesta que otras personas que se han portado «mal» sean, a la postre, tan queridas como nosotros.

Y por otro, porque no solo no nos sentimos identificados con el Padre, sino que, inmersos en la vanidad, intentamos por todos los medios que sea el Padre quien se identifique con nosotros, cosa que tiene su gracia –no perdamos nunca el sentido del humor y la risa, incluso de nosotros mismos– y que no se le pasa por la cabeza al hermano menor.

Por esto, al hijo mayor, en su proceso consciencial, le cuesta trabajo descubrir que también él tiene que regresar al Padre. Es la tragedia a la que se enfrentan diariamente tantos «creyentes». De hecho, la parábola deja en un suspense inquietante la respuesta del hermano mayor a las súplicas del padre. No nos aclara si, finalmente, le hace caso y se incorpora a la fiesta. La duda queda abierta.

Esto nos tiene que hacer pensar...

Cesar de ser yo para, dejando de ser, ser Él: esta es la clave en la dinámica evolutiva de identificación con el Padre, solo con Él y en Él. Y para cesar de ser yo, hay que dejar de «creer» en un Dios externo y «ver», palpar interiormente y sentir el Dios que es yo e ilumina la Vida desde dentro de «mí». Y al «verlo» en «mí», lo podré «ver» en los demás y percibir cómo todo lo exterior participa de la misma «naturaleza esencial» que yo, que habrá dejado de ser «yo» para ser «Él».

Esto es lo que el ego, en su «insoportable levedad», nunca admitirá, buscando mil excusas y argumentos mentales para evitarlo. Y bajo su dominio, nos resistimos a dejar de ser «yo», por lo que el camino a nuestra plenitud –dejar de ser «yo» para ser «Él»– se hace lento, farragoso y fatigoso, y genera desconcierto y sufrimiento.

Es lo que le sucede al «ateo», al «incrédulo», al «agnóstico», al «escéptico»... La tragedia que experimentan en su proceso evolutivo radica en la huida de su «verdadero ser» y «naturaleza esencial» y divinal, rebatiendo y refutando a Dios intelectual y mentalmente o refugiándose en el nihilismo u olvidándolo –el hijo pródigo que se distancia del Padre–. El ego, con su vanidad y su «levedad», hace que permanezcan alejados de su divinidad, que, desde el libre albedrío, queda rota y fraccionada: Dios, negado o ignorado, por un lado, y yo –un yo puramente físico y material–, por otro.

Y es lo que le ocurre al «creyente». En su proceso consciencial, su tragedia se centra en que cree vivir, como el hermano mayor de la parábola, al lado del Padre, «cercano» a Él y conforme a sus preceptos y «mandamientos». Pero ese estar «al lado» y cumplir «sus» reglas son ficciones mentales y «tics» egoicos que demuestran un agudo desconocimiento acerca de la naturaleza del Padre, de Dios, que es, ineludiblemente, la nuestra. Por eso, al concebir mentalmente un Dios externo, el creyente vive «junto» a Dios sin conocerlo –si el hijo mayor conociera al padre, no se sorprendería de su amor hacia el pródigo–, por lo que termina haciendo de Él un fetiche, una especie de amuleto de la suerte, un tótem: una imagen y un ídolo moldeado a semejanza de sus querencias, exigencias, reclamos y necesidades, y ajustado a los requerimientos y deseos de su ego.

Me traes a la memoria lo que señala el Libro de los Salmos a propósito de los ídolos. Creo recordar que es el Salmo 115: «Tienen boca, pero no hablan; tienen ojos, pero no ven; tienen orejas, pero no oyen; tienen nariz, pero no huelen. Tienen manos, pero no palpan; tienen pies, pero no caminan; ni un solo sonido sale de su garganta. Como ellos serán los que los fabrican, los que ponen en ellos su confianza».

Y por lo mismo, por esa percepción de un Dios exterior, por ese vivir «junto» a un Dios que no conoce, los cultos, rezos, plegarias, invocaciones y peticiones hacia Él no son muestras de humildad o amor, sino signos inequívocos de egoísmo y soberbia.

El egoísmo de quien solo se ocupa y preocupa de la satisfacción de las demandas, pretensiones y reivindicaciones de la «naturaleza egocéntrica» a la que vive consciencialmente atado, ¡hasta se le pide a ese Dios teóricamente externo que nos toque la lotería o gane nuestro equipo de fútbol!, ja, ja, ja...

Y la soberbia de quien, en su narcisismo, se resiste a aceptar e interiorizar que Dios es yo y que yo solo soy Dios cuando ceso de ser yo. El miedo, auténtico pánico, que tantos «creyentes» sienten ante la muerte física de ellos mismos o de sus seres queridos es la «prueba del nueve» al respecto. Evidencia la inconsistencia y fragilidad del «sistema de creencias» que aseguran profesar y es un claro exponente del sufrimiento que se genera cuando, al resistirnos consciencialmente a dejar de ser yo, a «cesar de ser», convertimos en penoso y sofocante el camino evolutivo hacia nuestra plenitud.

A propósito de esto, conviene subrayar que el ego siempre tiene miedo a la muerte. Y esto, el protagonismo y dominio del ego, es lo que se pone de manifiesto cuando, incluso «creyendo» en el más allá y en el «Cielo» o el «Paraíso», sigue presente y activo el miedo a la muerte. Es el ego, que no quiere dejar de existir. Solo cuando consciencialmente ceso de ser yo, se diluye el ego y desaparece el miedo a la muerte, la de uno mismo o la de nuestros seres queridos. Y ¡ojo!, pues puede ocurrir que, aun habiendo perdido el miedo a la muerte, sintamos la necesidad de hacer «algo» en esta vida. Es señal de que continúa quedando ego, que nos impulsa hacia ese requerimiento de hacer («deber de», «tener que»...). Cuando el ego se disuelve por completo, se esfuma el miedo a la muerte –la de uno mismo y la de los seres queridos– y acampa en nuestras vidas la «innecesariedad de hacer», que nos lleva a «vivir viviendo».

El gran problema que subyace en la tragedia del «creyente» es que le resulta difícil darse cuenta de que camina cuesta arriba, lo que transforma la Evolución en algo fatigoso y sufrido y hace mucho más complicado que pueda reorientar consciencialmente el rumbo de su vida.

Y las religiones –sean del «credo» que sean– se encuentran ante idéntica encrucijada.

LA TRAGEDIA DE LAS RELIGIONES

¿Qué sucede con las religiones, que están sufriendo actualmente tanto declive?

Todas las religiones parten –y lo comparten– de un mismo «núcleo» espiritual primigenio, que emana de nuestro interior, de nuestro «verdadero ser» y «naturaleza esencial». A lo largo de la historia, ese «núcleo» primario ha ido evolucionando de manera distinta en los diferentes grupos étnicos y zonas geográficas del planeta en función de sus características antropológicas, culturales, económicas, sociológicas, climáticas... Así, fueron naciendo y desarrollándose lo que actualmente denominamos «religiones», que han jugado un papel sobresaliente y digno de reconocimiento en el proceso evolutivo y consciencial del género humano –en la promoción y mantenimiento en él de la llama espiritual, en general, y en la plasmación, canalización y articulación del sentir trascendente de las personas, en particular–, sin menoscabo de lo cual, hay que constatar que señalaron el punto máximo al que podían llegar en su aportación al proceso evolutivo de la Humanidad cuando hicieron algo tan humano –demasiado humano– como «institucionalizarse», convirtiéndose en «estructuras».

Con ello, entraron inevitablemente en la dialéctica egocéntrica de cualquier organización: luchas de poder, «ombliguismo», clientelismo y generación y expansión de redes de intereses creados, convencimiento de que el fin justifica los medios, acumulación de patrimonio y riquezas, imposición a los demás de normas internas (a menudo ensalzadas como dogmas) dirigidas a la propia supervivencia institucional o de las jerarquías, postergación y persecución de los disidentes... No creo que sea preciso hurgar más en la herida, pues sigue muy abierta.

Y toda esta carga «institucional» fue ganando peso, poco a poco, en detrimento del componente original y espiritual. Así hasta llegar a un punto de no retorno: la entronización del «Dios exterior», frente a cualquier otra percepción de la divinidad, y la marginación, cuando no el acoso y hostigamiento, de cualquier otra concepción que se apartara de la ortodoxia impuesta desde los intereses de la institución y sus dirigentes.

Con todo ello se fraguó la tragedia de las religiones: queriendo acercar al ser humano a Dios (una interpretación de la etimología de «religión» la asocia al verbo latino *religare* y significaría, precisamente, «ligar de nuevo» o «unir nuevamente»), han terminado por construir un muro entre Dios y el ser humano.

Lo que no es óbice para que dentro de las religiones hayan existido y existan multitud de hombres y mujeres, de movimientos y organizaciones que ponen su Corazón y lo mejor de sí mismos en el sentido contrario: los místicos de toda la historia, las órdenes contemplativas, tantos «religiosos» y tantos «seglares» que son un espléndido ejemplo de Amor y entrega a los demás...

Lo cierto es que las personas que comparten un credo religioso no experimentan una idéntica fase del proceso evolutivo y consciencial, y cada una vive esa misma religión de manera distinta. Pero el peso de la «institución» se ha impuesto y ha pasado y pasa como un tornado por encima de estas diferencias conscienciales, engulléndolas en una espiral que se erige cual muro entre Dios y el ser humano.

Es tremendo..., aunque lo describes con mucha calma.

No hay que alterarse, ni enfadarse. Desde el Amor y la Paz, también este muro ha desempeñado y desempeña su papel en el proceso evolutivo de la Humanidad y en el de cada persona que profesa cada religión.

Esto no quita que reconozcamos que se trata de un muro monolítico levantado a base de ego y vanidad: burocracias jerarquizadas pretendidamente investidas de autoridad por un Dios externo, intermediarios presuntamente imprescindibles para acceder a un Dios ajeno a nosotros mismos, multiplicación de ritos artificiales para «loar» a un Dios en las «alturas», todo un mundo de «pecados» y de premios y castigos otorgados por un Dios que nos vigila y juzga en la lejanía y un extensísimo etcétera.

Como tampoco impide que constatemos cómo, con todo ello, han contribuido –a veces, inconscientemente, otras, consciente e interesadamente– a inculcar en la gente la visión de Dios como algo o alguien exterior, separado y hasta enjuiciador.

Pero esta visión y las experiencias que de ella derivan tienen su porqué y para qué en los procesos conscienciales que las personas vivencian y en la evolución consciencial de la Humanidad.

LA «NUEVA» ESPIRITUALIDAD

Quizás «en el pecado lleven la penitencia», y de ahí su incapacidad para hacer frente a la sangría constante de «vocaciones» y «fieles» o al distanciamiento de los que lo siguen siendo...

En la actualidad, el impacto más trascendente de la tragedia de las religiones no es la merma o el «enfriamiento» de sus «seguidores» –por más que sea un hecho indudable y, por su envergadura, llamativo–, sino su incapacidad para detectar, comprender y asumir –no digamos ya para atraer– la espiritualidad que bulle y se extiende, cada vez con más fuerza y energía, por la Humanidad, en todo el planeta. Una espiritualidad que circula y se expande al margen de iglesias y «credos» y que mana directamente del interior de las personas, por lo que resulta tan incontrolable como imparable.

Algunos la califican como «nueva», pero en parte es la espiritualidad que siempre ha latido y brotado en los místicos de todas las religiones, que, por chocar con la visión del Dios externo y distante impuesta por las jerarquías eclesiásticas, fueron frecuentemente perseguidos y condenados por las propias iglesias a las que pertenecían. Muchos místicos españoles –Santa Teresa de Jesús, San Juan de la Cruz, Fray Luis de León, Miguel de Molinos...– son un rotundo ejemplo de ello.

La diferencia es que, aquí y ahora, dentro del proceso evolutivo de la Humanidad, esa espiritualidad ya no cabe en el seno de ningún «credo» –algo que sí intentaron la mayor parte de los místicos– y ha dejado de ser un fenómeno aislado, anecdótico o muy minoritario, para emanar cada vez en más gente. Personas que ya no se identifican con ninguna de las religiones y viven su espiritualidad con independencia de ellas. Es una espiritualidad emancipada y evolucionada que, superando la visión «primitiva» de un Dios externo y separado, siente y percibe que entre Dios y yo –cada uno de nosotros– no hay desunión posible.

Me atrevería a afirmar que la parábola del «hijo pródigo», con el mensaje y el significado profundo que aquí estamos analizando, fue pensada y escrita para que fuera entendida e interiorizada en estos tiempos y de la mano de esta espiritualidad «nueva». Una espiritualidad «aconfesional» que no sabe de «credos», estructuras, intermediarios, dogmas, divisiones y doctrinas. Una espiritualidad de hombres y mujeres libres –espíritus consciencialmente emancipados– que reconocen su «verdadero ser» y su «naturaleza esencial» y divina y que por esto, lejos de identificarse con el hermano menor o mayor, han entendido desde el Corazón que ser auténtico hijo es hacerse uno con el Padre.

¿Puedes ofrecer más señas de identidad de esa nueva espiritualidad?

Al emanar de nuestro «verdadero ser» y «naturaleza esencial», es una espiritualidad totalmente ajena a normas externas, del tipo que sean, y que nada tiene que ver con los conceptos y clichés tradicionales del «devoto», el «beato», el «piadoso», el «santurrón» o el «puritano». Y se despliega aquí y ahora –no en la teoría ni en los mundos mentales– y en entera Libertad.

Es la Libertad inconmensurable que fluye de nuestro «verdadero ser» y «naturaleza esencial», lo que desvincula a la espiritualidad de todos los estereotipos y convencionalismos «religiosos» y la descarga de tantas rémoras: de cualquier clase de examen o juicio por alguien o algo exterior a uno mismo; de la necesidad de ser «salvados» o «redimidos» por otros o por una entidad «superior»; de un patrón preconcebido de comportamiento o reglas de conducta; de unas pautas concretas de «práctica»; de una forma determinada de desenvolvernos en la vida diaria, de comer, de vestir...; de un modelo prefijado para interaccionar con los demás; de un modo específico de desarrollar la sexualidad o nuestros dones y talentos, etcétera.

Es la Libertad infinita de una espiritualidad que solo sabe de Amor. Por ello, se manifiesta en la cotidianeidad de nuestras vidas sin miedo o temor de ninguna especie, sin coacción posible, sin sometimiento a parámetro o arquetipo alguno.

Esta espiritualidad rebosa Felicidad, que no viene de fuera, sino del interior, pues es el estado natural de nuestro «verdadero ser» y «naturaleza esencial». Y se expresa de instante en instante en la alegría, la risa y el humor, utilizando para ello las formas y maneras de diversión que el Amor impulsa, con total independencia de lo que los demás crean u opinen, y disfrutando, sin parar, de la Vida y los Milagros que la inundan a cada momento, le pese a quien le pese o digan lo que digan.

Esta espiritualidad no busca nada, ni procura quedar bien con nadie, ni pretende gustar o agradar a los demás, ni necesita que otros nos amen o quieran, ni reconocimientos, ni reverencias... Es, simplemente, el Dios que es yo expresándose sin trabas en la Espontaneidad y el Amor.

Es la espiritualidad del «endiosamiento», palabra que tiene raigambre en los primeros Padres de la Iglesia, como San Basilio, que lo denominó «la meta máxima». Un endiosamiento derivado de la toma de conciencia de que Dios es yo, lo que, lejos de cualquier atisbo de vanidad, orgullo o soberbia, es un fenomenal signo de humildad. Una humildad tan sentida e intensa como para cesar de ser yo y, así, ser Él.

¿»Comulgas» con esta «nueva» espiritualidad?

Es la que fluye y siento en mi interior y la que, desde el Amor, impulsa la Vida que se manifiesta en lo que antes consideraba «yo».

Pero hablas mucho de Jesucristo...

Cristo Jesús, lo que es y representa, no tiene nada que ver con las religiones, por más que muchas de ellas –la católica, principalmente, pero también la ortodoxa, copta, protestante, anglicana, evangélica, etcétera– se hayan fundado y desarrollado con base en su vida y su mensaje.

Tal como llena mi interior, Cristo Jesús es la prueba más evidente de Dios en nosotros, en cada uno; la manifestación más clara y potente de que Dios es yo y yo soy Dios cuando ceso de ser «yo». Por esto, hago mío lo expresado por Pablo de Tarso (Gálatas, 2, 20): «Ya no vivo yo, es Cristo quien vive en mí».

Por lo mismo, me siento cercano y acompaño a personas y grupos que tienen a Cristo Jesús cual referente y lo denotan en sus vidas cotidianas. Aunque también a gente y colectivos que conciben lo crístico o lo búdico de otra manera.

EL PADRE

Me ha llegado hondo lo de las «tragedias»: «la tragedia de los ateos, incrédulos, agnósticos o escépticos», «la tragedia del creyente» y «la tragedia de las religiones». Todas con el mismo hilo conductor: «la insoportable levedad del ego». Pero el Padre nunca pierde la paciencia, ni el Amor...

El Padre (Padre/Madre) es Amor. Un Amor incondicional que acepta, comprende, abarca e integra todas estas «tragedias» y las experiencias y el proceso evolutivo –consciencial, espiritual– de cada cual que en todas ellas tienen lugar y se despliegan.

Y el Padre es Paciencia (Paz+Ciencia). En su espera no existe el tiempo. Por eso en la Creación no existe el estrés –permíteme la broma–, sino Tao y Orden Natural de Amor. Como tampoco existe la dualidad: tal como antes recalcaba, no hay experiencias «negativas» o «positivas», «buenas» o «malas», «gratas» o «ingratas»..., sino Experiencia de Ser, de lo que Es y acontece, que es Una (como la Vida) y Divina. Insisto: todo, absolutamente todo, tiene su porqué y su para qué; y todo, absolutamente todo, fluye, refluye y confluye «en la Perfección de cuanto Es» o, dejando a un lado cualquier tipo de dualidad, fluye, refluye y confluye «en cuanto Es», «en cuanto acontece».

Por tanto, el Padre aguarda amorosa y pacientemente al «pródigo» –su evolución experiencial (por libre albedrío, sufrida y penosa) en el proceso consciencial–, durante el tiempo que haga falta y sin dejar de amarle en ningún momento. Espera, sin premuras ni ansiedad, a que desarrolle su proceso evolutivo y las experiencias a él ligadas.

Igualmente, es amoroso y paciente con el hijo mayor, que también está viviendo su proceso evolutivo y sus experiencias, y sale a invitarle –no a obligarle– para que, congratulándose por la evolución consciencial y el regreso de su hermano, se incorpore a la fiesta.

Demuestra así, en contra de lo que piensa el hermano mayor, que su paciencia y su amor son idénticos para uno y para otro. El Padre aguarda y confía que los dos se den cuenta de su Amor incondicional y que, en ese Amor, se transformen en Él y se produzca conscienciamente la Unión.

El Amor como palanca de transformación...

El Amor es la «piedra filosofal» que hace factible la transfiguración «alquímica», la vía que hace posible la toma de conciencia de que Dios es yo y yo soy Dios, mediante la transfiguración del material no noble en metal noble (oro): «amada en el Amado transformada», en palabras de San Juan de la Cruz extraídas de su *Noche oscura*. Esta es la vía que Cristo Jesús señala con su *ego sum via* («yo soy el camino»). Él asumió, activó y expandió su «verdadero ser» y su «naturaleza esencial» y divina haciéndose Uno con el Padre y su Amor. Y por este Amor, con este Amor y desde este Amor expresó aquello de «Yo soy el camino [...]; nadie viene al Padre sino por mí» (Evangelio de Juan, 14, 6).

Y llegar a identificarse plenamente con el Padre no supone ignorar nuestra condición de hijo menor y mayor. Hay que aceptar lo que de cada uno de ellos pueda haber aún en nosotros. Aceptar es vital. Y hay que aceptar desplegando, precisamente, el Amor incondicional del Padre. El descubrimiento de que somos, a la vez, el hermano menor y el mayor nos tiene que hacer ver el objetivo de la parábola, que es el Padre.

A eso estamos todos llamados: a dejar de contemplarnos como cualquiera de los dos hermanos e identificarnos con el Padre. Fue lo que hizo Cristo Jesús.

Ahí radica el significado de su frase «Yo y el Padre somos Uno», recogida igualmente en el Evangelio de Juan (10, 30).

¡Exacto! Y Fray Marcos propone la siguiente meditación-contemplación:

YO Y EL PADRE SOMOS UNO

Tú también eres Uno con Dios, pero todavía no te has enterado.
El día que lo descubras, esa frase saldrá también
de lo más hondo de tu ser.
Descubre lo que hay en ti de hermano menor:
me dejo llevar por el hedonismo individualista.
Busco lo más fácil, lo más cómodo, lo que me pide el cuerpo...
Mi objetivo es satisfacer las exigencias de mi falso «yo».
Descubre lo que hay de hermano mayor:
busco la cercanía de Dios, pero fabrico un Dios a mi medida.
Un Dios que me quiera, porque soy mejor que los demás.
Y me debe ese amor que le exijo.
No busques modelos fuera, todos son falsos.
El único modelo debe ser Él, que no está «en los cielos»,
sino en lo hondo de tu ser, esperando ser descubierto,
vivido y manifestado.

EL REPLANTEAMIENTO DE LA «FE»

Todo lo cual obliga a replantear la «fe».

Hablábamos antes de Cristo Jesús y es, precisamente, en su mensaje donde la fe ostenta un protagonismo más acentuado, sin parangón en ninguna otra tradición espiritual. Karen Armstrong lo muestra muy bien en su libro *En defensa de Dios*. Ahora bien, ¿qué quiso expresar Cristo Jesús cuando tanto se refería a la fe? Para saberlo hay que acudir a su idioma nativo. Se puede comprobar así que hacía mención a lo que en las primeras transcripciones al griego de sus enseñanzas se sintetizó en el vocablo *pistis* (su forma verbal es *pisteuo*), palabra traducida como «fe» en el Nuevo Testamento y que significa, literalmente, «confianza, perseverancia y compromiso».

Por tanto, en boca de Cristo Jesús, la fe no fue utilizada como sinónimo de «creencia», ni tampoco como llamada a tener que «creer» en él o en «algo». Hablaba de confianza, perseverancia y compromiso, es decir, de atributos muy distintos a la fe ciega, los dogmas de fe, las doctrinas impuestas bajo la intimidación del «temor a Dios» o la ortodoxia oficial que castiga como herejía todo aquello que no coincide con sus postulados.

¿Qué ha ocurrido para que históricamente se haya producido esta tergiversación de contenidos?

Desde luego, ha habido personas y colectivos que conscientemente han influido en ello, dando a la fe la interpretación que más convenía a sus intereses terrenales, por más que los disfrazaran de celestiales. Sin embargo, el origen sustantivo de la confusión radica en la «Torre de Babel», es decir, en las diferencias de lenguas y en sus distintas acepciones y construcciones sintácticas y gramaticales.

Debido a esto, cuando San Jerónimo tradujo, a finales del siglo IV, la Biblia griega al latín, dando lugar a la Vulgata, no encontró mejor transcripción para el término griego *pistis* que el latino *fides*, es decir, «lealtad». Además, dado que *fides* carece de forma verbal, en lugar del griego *pisteuo* usó el verbo latino *credo*. Seguro que lo hizo lo mejor que pudo y supo, pero, con el paso de los siglos, provocó que en idiomas derivados del latín –como el español–, «la confianza, la perseverancia y el compromiso» reclamados por Jesús fueran sustituidos –como señala el *Diccionario de la Lengua Española*– por la exigencia de «fidelidad» y el «asentimiento a la revelación de Dios», convertido finalmente por la Iglesia romana en la primera de las virtudes teologales.

En cuanto a las lenguas anglosajonas, la reinterpretación de la fe vivió dos fases. Primero, al traducirse la Biblia del latín al inglés, *credo* y, por ende, *pisteuo* se convirtieron en *I believe* («yo creo») en la versión del rey Jacobo (1611), y se asoció al término *belief* («creencia»), que en aquella época era entendido como «lealtad» a una persona a la que se está ligado por promesa o deber. Posteriormente, este significado cambió. Concretamente, a finales del siglo XVII, cuando nuestro concepto de conocimiento se hizo más teórico, la palabra «creencia» empezó a usarse para describir el «asentimiento» a una proposición hipotética y con frecuencia dudosa. Científicos y filósofos fueron los primeros en utilizarla en ese sentido, hasta que, bien entrado el XIX, también así quedó formulada en los contextos religiosos.

Por tanto, lo que Cristo Jesús nos solicita no es «fidelidad», ni «creencia», ni «asentimiento», sino «confianza, perseverancia y compromiso».

¡Así es! Confianza, cuya manifestación más genuina es la confianza en la Providencia y en la Vida desde el convencimiento de que todo tiene su porqué y para qué: vivir el presente, el aquí y ahora, como las aves del cielo y los lirios del campo, sin preocupaciones ni sufrimientos, que son solo signos de engreimiento y vanidad.

Perseverancia, que está íntimamente relacionada con la labor interior de cada uno o *labor into*, de donde deriva «laberinto», para recordar y descubrir nuestro «verdadero ser» y «naturaleza esencial» y divinal.

Y compromiso, que se plasma en la vida diaria por medio de la coherencia entre la conciencia que sentimos o decimos tener y las actitudes y acciones cotidianas.

Y una fe así «mueve montañas».

Esta fe o *pistis* –conjunción perfecta de confianza, perseverancia y compromiso– sí que mueve montañas; y desencadena un potencial humano insospechado capaz de hacer realidad el «nada es imposible» prometido por Cristo Jesús (Evangelio de Mateo, 17, 14-19).

La fe radicalmente cristiana no es, pues, una creencia ni un asentimiento, sino una vivencia directa e íntima de la propia divinidad que todos atesoramos en nuestro interior y que es la mejor fuente de experiencia y sabiduría: fe que busca la inteligencia (*fides quaerens intelectum*); fe para saber, o creer para entender (*credo ut intelligam*, en expresión de San Agustín). Porque –como indicó San Anselmo al hablar de la *operosa fides* y de la *otiosa fides*– la fe que no trata de entender es una fe ociosa. Una fe que no sabe de iglesias ni de «credos». Una fe inteligente, operante, viva, válida para discernir. Una fe que es el suplemento de conocimiento que nos proporciona la revelación interior a la que los seres humanos tenemos acceso y que no sucede por azar, sino que está ligada a la activación de nuestro «verdadero ser» (con perseverancia). Por lo que la fe, para que dé sus frutos, debe volcarse en una práctica cotidiana (compromiso desde el Amor) que confirmará en el día a día la veracidad de lo que anuncia y ayudará a ahondar en el proceso evolutivo y consciencial.

Gracias a Fray Marcos y a ti, Emilio. Me habéis proporcionado una percepción muy distinta de la parábola del «hijo pródigo». Y, con ello, un discernimiento más completo de Dios y de mi «verdadero ser» y «naturaleza esencial». Pero tengo que recordarte que todo esto surgió a partir de mi pregunta, que ya ha quedado muy atrás, pues te la formulé cuando hablábamos de Al-Hallaj, acerca de cómo has llegado tú a sentir o saber que «Dios es yo y yo soy Dios cuando ceso de ser yo».

Vamos a ello, pero antes, si no tienes inconveniente, hacemos una pausa.

¡Estupendo! También a mí me vendrá bien para asimilar mejor todo lo que llevamos compartido...

Capítulo 2

LA NATURALEZA DE DIOS, QUE ES LA NUESTRA

EL RETORNO AL HOGAR

Retomando nuestro diálogo en el punto donde lo dejamos, Emilio, ¿cómo has llegado a sentir o saber que «Dios es yo y yo soy Dios cuando ceso de ser yo»?

No es mi intención hablar de «mi vida», pues ya no me identifico con ella, sino con la Vida, que es Una y es la de todos y Todo. Pero en esa pequeña historia personal, que tanto agrada al ego, hubo un momento concreto del proceso evolutivo en el que, cual «hijo pródigo», como el hermano menor de la parábola, regresé a Casa. Y lo hice no para convertirme en algo análogo al hermano mayor, sino para dejar de ser «hijo» y ser el Padre/Madre.

En aquel momento, la declaración que San Juan de la Cruz dirigió a Ana de Mercado y Peñalosa, en su carta de 1584, resonaba y se expandía en mi interior: «El más perfecto grado de perfección a que en esta vida se puede llegar, que es la transformación en Dios». Y esto fue lo que impulsó, desde el

Corazón, el retorno al Hogar: vaciarme enteramente en el Padre, en el Amado, para ser solo Él. Fusionarme y ser Uno con Él para, siendo Nada, ser Todo; para siendo Todo, ser Nada.

Más allá de la razón, había comprendido e interiorizado que Dios no es algo o alguien exterior, sino que se halla presente y se desvela y manifiesta en mí y en todos. Sabía, por tanto, que Dios es yo –y los demás y todo–. Pero también que yo solo soy Dios si ceso de ser «yo» y abandono cualquier percepción, sensación, sentimiento o conciencia de identidad, sea individual o colectiva, sea física, álmica o espiritual. Solo así se escapa de la ensoñación, de la separación, y yo y el Padre somos Uno; solo así Dios es yo y yo vuelvo a ser conscliencialmente lo que nunca dejé de ser, por más que en libre albedrío lo olvidara; solo así Dios es yo y yo soy Dios.

Para esto, solo para esto, regresé a la Divina Mansión...

¿Y lograste entrar en ella? ¿Se abrieron sus puertas?

Ya en el pórtico de entrada, justo antes de cruzar su umbral, vislumbré radiante el Rostro del Padre/Madre, el Rostro de Dios, que recordé como mío, pues Él es yo. Y establecí un «Diálogo» que es el último que se puede sostener con el Padre/Madre, pues lo que hay más allá de ese umbral, de esa última frontera, es la Unión y la Fusión en Él, lo que hace imposible y absurdo cualquier clase de diálogo, que siempre requiere el concurso de, al menos, dos.

¿Podrías compartir sus contenidos?

El «Diálogo» que mantuve con el Padre/Madre fue idéntico al que se reproduce en este poema de Rumi (*Diwan,* parte II, *gazal* 24):

Me dijo (el Padre/Madre):
«No estás loco y no eres digno de esta Morada».
Me fui y me volví loco, loco de atar.
Me dijo: «No estás ebrio, vete, porque no eres de los nuestros».
Me fui y me embriagué, totalmente colmado de alegría.
Me dijo: «No estás muerto, no estás lleno de gozo».
Y ante su rostro vivificador, me caí muerto.
Me dijo: «Eres inteligente y emborrachado
andas de dudas e ilusiones».
Y me volví sencillo, me volví inocente y me aparté de todos.
Me dijo: «Te has convertido en vela y alquibla de un grupo».
No soy de ningún grupo y no soy una vela,
me esfumé como el humo.
Me dijo: «Eres maestro y sheij, *señor y guía».*
No soy sheij, *no soy guía, soy un esclavo de tu Voluntad.*
Me dijo: «Tienes alas y plumas, por eso no te doy plumas ni alas».
Deseando sus alas y plumas,
me arranqué cualquier pluma y cualquier ala.
Me dijo el que es mi nueva suerte:
«No te inquietes, ni te ocupes de ti mismo,
porque yo, bondadoso y generoso, soy tu único devenir».
Me dijo el que es mi amor eterno: «No te alejes de mi lado».
Contesté: «No lo haré, no, no y no». Quieto permanecí.

¿Y qué pasó?

Pues que así quedó definitivamente quien antes fui yo: loco y ebrio; muerto a lo que fue «mi vida» y sin necesidad de vivir en modo alguno; disipada como humo cualquier identificación y noción de identidad y cualquier noción de maestría o guía; alegre, gozoso, sencillo e inocente, sin alas ni plumas, rendido y apartado de todos; en paz, sin preocuparme ni inquietarme por nada y con plena Confianza en la Providencia, la Vida y cuanto Es y Acontece; sin búsquedas, sin pérdida posible y sin preguntas ni respuestas; sin requerimiento de cuidado ni contento y fluyendo completamente en la «innecesariedad de hacer»; sabiendo que quien no escapa de la voluntad carece de Voluntad y que quien no escapa del esfuerzo para nada se esfuerza.

Y así cruzaste las puertas de la Divina Mansión...

Entonces y solo entonces, en ese estado que San Juan de la Cruz tan divinamente describe al final de su *Noche oscura* –«quedeme y olvideme, el rostro recliné en el Amado, cesó todo y dejeme»–, las puertas de la Morada se abrieron de par en par y penetré en su interior.

¿Qué encontraste dentro?

Primeramente, lo anunciado por otro místico sufí, murciano de nacimiento y sevillano de adopción, Ibn Arabí:

Cuando se muestre mi Amado,
¿con qué ojo lo veré?
Con Su ojo, no mi ojo,
pues no Le ve sino Él.

Los textos de carácter espiritual que indican que no es posible contemplar al Padre/Madre –por ejemplo, la Primera Carta de Juan (4,12): «Nadie ha visto nunca a Dios»– se refieren a este hecho: no es posible «verlo» desde la separación, por mínima que sea, sino desde la absoluta identificación y fusión con Él, es decir, «con Su ojo, no mi ojo».

¿Y a partir de ahí?

Con Su ojo –que ya era el mío, porque, cesando de ser «yo», ya era Él–, miré y observé el «Misterio», que brilla luminoso en el centro de la Morada.

Y la sola contemplación del Misterio hace que todo se entienda y comprenda, aunque sea sin conocer ni saber nada.

Volvemos a San Juan de la Cruz: «Entreme donde no supe y quedeme no sabiendo toda ciencia trascendiendo»...

Y sigue: «Yo no supe dónde entraba, pero cuando allí me vi, sin saber dónde me estaba, grandes cosas entendí; no diré lo que sentí, que me quedé no sabiendo, toda ciencia trascendiendo».

Y tú, ¿puedes decirnos lo que sentiste?

En el tramo final de su copla, el santo abulense ofrece una pista crucial: «Y si lo queréis oír, consiste esta suma ciencia en un subido sentir de la divinal esencia».

Y este subido sentir de la divinal esencia, que es la completa afloración de nuestro «verdadero ser» y nuestra «naturaleza esencial» y divina, desvela lo que el «Misterio» es en sí y, en sí, representa.

¿Y es...?

«Lo que es, no es; lo que No Es, Es».

LA NATURALEZA DE DIOS

«Lo que es, no es; lo que No Es, Es»... ¿Se trata de una paradoja?

Es toda una «Paradoja de la Conciencia». Así la denominé en el libro *Buscadores*, cuando todavía andaba por la vida como «hijo» y aún no podía percibir que en ella radica la llave para comprender lo que venimos compartiendo en esta entrevista acerca de Dios.

Desmenuzando los entresijos de esta paradoja, ¿puedes extenderte más sobre la Naturaleza de Dios, que es la nuestra?

Ahora, completado el retorno al Hogar y abandonada cualquier noción de identidad que no sea Él, «¡sí puedo!», expresión que se ha puesto muy de moda últimamente, ¡ja, ja, ja...! Pero no sé si os aburriré a ti y a los lectores.

Deja lo del posible aburrimiento en manos de la Providencia y en función del momento concreto del proceso evolutivo de cada cual.

Dios no admite nombre; y es todo lo nombrado. Lo que ni tiene ni puede tener nombre, No-Nombre, es todo lo nombrado y todo lo nombrable.

Dios es lo Inmanifestado, y la Manifestación de lo Inmanifestado. Lo que es Inmanifestado, es todo lo Manifestado. Lo Inmanifestado es Dios; y Dios es también su Manifestación.

Dios es No Ser, nada existente ni preexistente; y es Ser y Experiencia de Ser –que es Una, aunque se despliegue en infinidad de experiencias.

Dios es Nada y es Todo (Espíritu, Verbo y Alma). Cuando solo hay Amor, no hay Nada; cuando hay Todo, no hay Nada. El Vacío Absoluto es el del Todo Absoluto.

Dios es Vacío; y del Vacío, por su Vibración, todo emana y se despliega: todas las formas, todos los fenómenos,... La Emanación vibratoria del Vacío es Amor. Y el Amor se desenvuelve en Vida (que es Una) y Conciencia (que es igualmente Una), que se manifiestan, a su vez, en todos los estados conscienciales y todas las modalidades de vida y existencia. Todas aparentan tener nombre, aunque son Manifestación de lo que carece de él; todas parecen ser algo, pero son proyección del No-Ser.

Dios es Increado. Y es lo engendrado desde lo Increado y todo lo creado desde lo engendrado: Dios es Increado, lo engendrado y todo lo creado (Creación) en su integridad.

Dios es Concentración. Bajo la Emanación de lo engendrado y la plasmación y expansión de lo creado, se halla la Concentración de lo Increado, que actúa cual «fuerza de gravedad» y lo atrae Todo como Absorción, generando el Eterno Retorno: Expansión-Absorción-Expansión.

Dios es Omnipotente, pues nada necesita, desea, anhela, quiere, aspira, ansía, prefiere o pretende; y en todo vibra y vive Inmanente y Omnipresente, liberando a la vida de cualquier necesidad de hacer y colmándola de «vivir viviendo».

Dios es Transparencia, sin atadura a reglas, sin ley alguna, es el Orden Natural y el Tao, la Expansión y la Absorción, el *Ordo Amoris* y la Geometría Sagrada.

Dios es Inabarcabilidad. Y la Inabarcabilidad del No-Nombre es la Infinitud de lo nombrable.

Dios es Instantaneidad. Y la Instantaneidad de lo Inmanifestado es la Eternidad de lo Manifestado: el momento presente continuo (aquí y ahora) en el que lo Eterno se desenvuelve.

Dios es Quietud. Y la Quietud del Vacío es el Movimiento de Todo. Así, el Movimiento es el resplandor de la Quietud. Y su repiqueteo, vocerío.

Dios es Uno. Bajo la diversidad, se encuentra la Unicidad. Bajo la complejidad, la Simplicidad. Bajo la condensación vibratoria y la tensión de formas y fenómenos, el Fluido y la Distensión del Vacío Absoluto.

Dios es Inmutabilidad; y la Inmutabilidad de lo Inmanifestado es la Evolución permanente y la inestabilidad intrínseca de lo Manifestado.

Dios es lo que No-Es y lo que es. Lo que No-Es, real es; lo que es, irreal es. Lo que es y es irreal, configura la «realidad», que es una especie de «sueño». Su naturaleza es vibratoria y presenta infinidad de escalas y dimensiones en función de las infinitas frecuencias vibratorias en las que el Verbo (la reverberación de la Vibración del Vacío) se despliega y condensa.

¿Todo esto se «ve», así de súbito, cuando se retorna al Hogar y se contempla el Rostro de Dios, que es el de uno mismo cuando ha cesado de ser «yo»?

Y de manera instantánea, como en un *flash* que te envuelve y se desenrolla repentinamente a modo de cascada.

Pues no está nada mal para alguien que no es «creyente» y que niega que «Dios existe»...

¡Sí, ja, ja, ja...!

DIMENSIÓN «SUPERFICIAL» Y DIMENSIÓN «SUBYACENTE»

Según lo que has descrito, Dios, siendo Uno, presenta, por decirlo de algún modo, dos «aspectos»: Inmanifestado y su Manifestación, No-Ser que se proyecta en Ser, No-Nombre que configura todo lo nombrado y todo lo nombrable.

La Naturaleza de Dios, que es la nuestra, no puede ser abarcada con palabras ni esquemas conceptuales: ni cabe en ideas mentales lo Inmanifestado ni cabe en ellas su Manifestación.

Pero estamos compartiendo en un aquí y ahora en el que usamos palabras y conceptos. Y en este contexto, cabe afirmar que en la Unicidad y Unidad de Dios conviven dos dimensiones: una, «subyacente» e inmutable y otra, «superficial» y evolutiva.

¿En qué se diferencian?

Para entenderlo más fácilmente, podemos examinar esas dos dimensiones en el seno del momento presente; a partir de ahí, contemplarlas en el ser humano y, finalmente, «verlas» en Dios.

¡Adelante!

El momento presente es el único sitio donde la vida existe. Y el momento presente cuenta con dos dimensiones: la superficial y variable, y la subyacente y fija.

La primera es la forma del momento presente, sus contenidos percibidos por nuestros sentidos corpóreo-mentales. Y es variable. De un momento a otro varían los sonidos, silencios y ruidos; las luces y las sombras; la respiración, los latidos del corazón y otras facetas biológicas; las circunstancias personales y del entorno; las situaciones, lugares y paisajes; los estados de ánimo; la temperatura y la climatología; los olores y lo que el tacto toca; los pensamientos que transitan por la mente; los sentimientos y emociones, etcétera.

La segunda, la esencia subyacente por debajo de las formas, es la Existencia, la Vida misma, que siempre es ahora y nunca será no-ahora. La Existencia es «ser», y «ser» es ahora; no cuando fue, ni cuando será; no es un pensamiento o un objeto mental. Es el ahora; es «ser».

El ego, transitando entre creaciones mentales, ni sabe en qué consiste la esencia subyacente del momento presente. Solo reconoce su aspecto superficial, la forma del ahora, que muta cada día, cada hora, cada minuto, cada segundo... Por ello, el pequeño «yo» cree que es el propio momento presente el que se transforma de instante en instante. Casi ni existe –llega a pensar–, dada su volatilidad, oscilando entre el momento que ya ha pasado y el que después vendrá.

Pero hay una esfera no superficial del momento presente que escapa a la comprensión del ego: su dimensión subyacente. Puede servir el ejemplo de un río, un gran río, el primero que se nos venga a la cabeza. El «yo», sentado a su orilla, solo atiende a las formas y observa el curso de sus aguas, que en un punto concreto varían a cada momento, que bajan más o menos caudalosas. Es incapaz de entender que el río, por encima de tales cambios, es el río; que ese río existe y es con independencia de las formas que adopte de instante en instante, más allá del discurrir de sus aguas, de las modificaciones de su caudal y del transcurrir del tiempo.

Correcto... Y ¿en el caso del ser humano?

Lo mismo ocurre con el ser humano que, como el momento presente, cuenta con una dimensión superficial –su forma percibida por los sentidos– y otra subyacente.

La primera es la persona temporal, cuya fisonomía y circunstancias mutan a cada momento y cuyo fin, al cabo de unas pocas décadas, se halla en el cementerio. Allí serán enterrados o quemados todos sus anhelos, dramas, temores, ambiciones, éxitos y fracasos; allí quedará su forma reducida a polvo o ceniza.

Por el contrario, la esencia subyacente no sabe de variaciones ni de muertes. Es inalterable, es la existencia más allá del pequeño «yo», más allá de las formas variables (edad, situaciones...) y más allá de la muerte física.

Así lo siento en mí.

Contemplar lo transitorio y efímero del momento presente –sea de un río o de un ser humano– es una buena manera no solo de percibir la forma superficial, sino, igualmente, de percatarse de la esencia subyacente: el ser, el ahora ajeno a las formas y fenómenos y sus modificaciones.

Se «es» en el ahora, en el momento presente. La forma de este sí se transforma continuamente, pero solo la forma. Por debajo del cambio hay algo que no tiene forma. Y ese algo no es «algo»; es solo algo cuando pensamos en él y pretendemos llevarlo al mundo del ego. Pero, realmente, carece de forma, no es un objeto mental: es Ser, este momento, ahora.

No se puede ir más allá de este punto con el entendimiento.

De hecho, ni hace falta ni es conveniente.

Paramos el ajetreo incesante de los pensamientos, nos contemplamos a nosotros mismos y sentimos internamente que «ser es existir» y «existir es ser». ¡Ya está! Ni más ni menos. No necesitamos pensar en que existimos y somos. Se trata, sencillamente, de tomar conciencia de ser, de lo que Somos.

La mente está a nuestro servicio, no al revés; la mente está al servicio del Ser, no a la inversa. Y «ser» conlleva atributos y potestades que pierden su esencia –se desnaturalizan– si son mentalmente tratados. Ser no precisa de racionalización alguna. Cuando intentamos situarlo al nivel del entendimiento, lo convertimos mentalmente en «algo», lo empaquetamos en un objeto mental y desvirtuamos de modo lamentable su esencia y entidad. Si lo nombramos, clasificamos y etiquetamos, ya no es real, sino una interpretación mental que nada tiene que ver con lo real.

Y esas mismas dos dimensiones, partiendo del ejemplo del momento presente o del ser humano y su vida, son las que conviven en la Unidad de Dios.

¡Así es!

Su dimensión «subyacente» e inmutable: No-Nombre, Inmanifestado, No-Ser, Nada, Vacío, lo Increado, Transparencia, Inabarcabilidad, Instantaneidad, Quietud, Concentración, Unicidad, Simplicidad, Fluido...

Y su dimensión «superficial» y aparentemente variable: lo nombrado y lo nombrable, lo Manifestado, Formas y Fenómenos, lo Engendrado y lo Creado, Omnipresencia, Tao y Evolución, Infinitud, Eternidad, Movimiento, Emanación y Expansión, Diversidad, Complejidad, Condensación...

Y todo es Uno. Como se indica en el *Sutra del Corazón*: «En el Vacío no hay forma; la forma es el Vacío y el Vacío es forma».

EL SUTRA DEL CORAZÓN

El Sutra del Corazón es el más popular de todos los textos budistas.

El *Sutra del Corazón* o *Sutra de la Esencia de la Sabiduría* cuenta con catorce *shlokas* o versos en sánscrito. Su estudio es muy trascendente para algunas tradiciones budistas del este asiático; y su versión china es bastante recitada en las ceremonias de las escuelas zen en China, Japón, Corea y Vietnam. También el budismo tibetano lo estudia en profundidad. Y es de los pocos *sutras* no atribuidos a Gautama Buda. En algunas versiones chinas, Buda confirma y canta las palabras de Avalokiteśvara. En cualquier caso, su autor, quien fuera, sin duda lo redactó «viendo» el Rostro de Dios y compartiendo su «Naturaleza Esencial» desde la radical Unión y Unicidad con ella.

¿Te sabes de memoria el mantra con el que finaliza?

Es muy sencillo:

Gate gate
Pāragate
Pārasaṃgate
Bodhi svāhā

No obstante, su adecuada pronunciación es crucial para que actúe como *mantra* y su vibración resuene en nuestro interior. Por esto, es aconsejable buscar en Internet un sitio donde se pueda escuchar. Por ejemplo, en *YouTube* hay un vídeo en el que los monjes del monasterio Kopan recitan en tibetano el *Sutra del Corazón* en su totalidad.

Y este mantra significa...

Los mantras no se traducen. Su valía se halla en el sonido y no en el significado de las palabras. No obstante, es toda una llamada al retorno al Hogar:

Ido (de «ir»), ido, ido más allá,
ido completamente más allá,
iluminación,
sváhá.

Esta última palabra es prácticamente imposible de traducir, pues es un sonido mántrico de consagración; algo así como «aclamación» o «que todo Es (Perfecto) y Acontece».

Nos puede ser muy útil este mantra a todos los que, como peregrinos, caminamos por la Vida y aún andamos buscando nuestro «verdadero ser»...

Es una forma de expresarlo. Pero, desde luego, siendo plenamente consciente de que la «iluminación» consiste en la toma de conciencia sobre la «innecesariedad de la Iluminación». Y que la meta no se halla en el horizonte, sino en cada paso: el destino del Viaje no es algo futuro, sino que es y está bajo nuestros pies de instante en instante, en cada momento presente, aquí y ahora.

Y del Vacío, ¿cómo pueden emanar las formas?, ¿cómo lo Manifestado puede surgir de lo Inmanifestado, el Ser del No-Ser, el Todo de la Nada?

Tu pregunta inquiere sobre el punto central de lo que me gusta denominar «física de la Deidad», a la que dediqué toda una parte –la tercera– del libro *Amor: vida y conciencia*. Y es difícil darle respuesta en el marco de un diálogo como este. No obstante, intentaré ofrecer unas pinceladas básicas. Eso sí, te propongo que no lo hagamos ahora, sino que lo dejemos para una conversación que, aunque sea breve, se centre de manera monográfica en la citada «física de la Deidad». Y lo ideal sería que sirviera de cierre a la serie de entrevistas que nos ocupan.

¡Como tú prefieras!

Te lo agradezco.

DIOS

Como contrapartida a mi condescendencia, ¡ja, ja, ja...!, ¿podrías facilitarme un esquema que pudiéramos insertar en esta entrevista con el resumen o compendio de todo lo que has compartido acerca de la Naturaleza de Dios y, por tanto, de nuestra propia naturaleza esencial?

¡Ahí va!

DIOS	
DIMENSIÓN SUBYACENTE	**DIMENSIÓN SUPERFICIAL**
No-Nombre	Todo lo nombrado y todo lo nombrable
Inmanifestado	Manifestado
No-Ser (nada existente)	Ser (Experiencia de Ser): Amor (Vida y Conciencia)
Nada	Todo (Espíritu } Verbo/Alma)
Vacío	Vibración (Formas, Fenómenos,...)
Increado	Engendrado } Creado
Concentración	Emanación y Expansión
Omnipotencia (no desear ni necesitar nada)	Inmanencia y Omnipresencia
Transparencia	Tao (*Ordo Amoris*)

<table>
<tr><th colspan="2">DIOS</th></tr>
<tr><th>DIMENSIÓN SUBYACENTE</th><th>DIMENSIÓN SUPERFICIAL</th></tr>
<tr><td>Inabarcabilidad</td><td>Infinitud</td></tr>
<tr><td>Instantaneidad</td><td>Eternidad (momento presente continuo, aquí y ahora)</td></tr>
<tr><td>Reposo y Quietud</td><td>Silencio y Movimiento</td></tr>
<tr><td>Unicidad</td><td>Diversidad en la Unidad</td></tr>
<tr><td>Simplicidad</td><td>Complejidad</td></tr>
<tr><td>Inmutabilidad</td><td>Evolución y Mutabilidad (inestabilidad)</td></tr>
<tr><td>Fluido (Distensión)</td><td>Condensación (Tensión)</td></tr>
<tr><td>Real (Lo que No-Es, Es)</td><td>Irreal (Lo que es, no es)</td></tr>
<tr><td>Realidad</td><td>Sueño, «realidad»</td></tr>
<tr><td>Del Sutra del Corazón:
en el vacío no hay forma,
ni sensaciones, ni percepciones, ni impulsos, ni conciencia;
no hay ojo, oído, nariz, lengua, cuerpo ni mente;
no hay formas, sonidos, olores, sabores, tactos ni objetos mentales;
no hay conciencia de los sentidos.
No hay ignorancia ni extinción de ella.
Ni hay todo lo que procede de la ignorancia;
ni vejez, ni muerte, ni extinción de la vejez y la muerte.
No hay sufrimiento, ni su causa, ni su cese,
ni sendero de liberación.
No hay conocimiento,
ni logros, ni falta de ellos.
Libre del apego, con el único apoyo
en la perfección de la sabiduría,
se vive sin velos mentales.
Así se libera del miedo con sus causas
y se alcanza el nirvana.</td><td>Del Sutra del Corazón:
la forma es vacío, el vacío es forma;
la forma no difiere del vacío, el vacío no difiere de la forma;
lo que sea forma, es vacío; lo que sea vacío, es forma.
Así también son las sensaciones y las percepciones,
los impulsos y la conciencia.
Todos los fenómenos son vacíos.
No son producidos o aniquilados,
ni impuros ni inmaculados,
ni incompletos ni enteros.</td></tr>
<tr><td colspan="2" align="center">El «Padre» y «yo»
somos Uno:
¡Dios!</td></tr>
</table>

Aplicando a esta tabla lo que has venido exponiendo, diría que desde la columna de la izquierda (dimensión subyacente) emana y se engendra, se crea, despliega y desenvuelve lo que constituye la columna de la derecha (dimensión superficial), que, a su vez, tiende consciencial y evolutivamente a «volver» hacia la izquierda, al Hogar, al Padre/Madre que, realmente, nunca ha dejado de ser.

Efectivamente: has descrito el Tao, el Orden Natural del Amor. Y es Expansión-Absorción-Expansión. Y Todo es Dios: una columna y la otra, la dimensión subyacente y la superficial; el proceso que desde la columna de la izquierda (dimensión subyacente) genera la de la derecha (dimensión superficial); el proceso por el que desde la de la derecha se tiende a «regresar» a la de la izquierda; todo sin excepción ni exclusión, también el propio Tao u Orden Natural. Y todo acontece en la Instantaneidad, fuera del tiempo y el espacio.

Y esto no es algo teórico o «teológico», sino que se trata –como bastantes seres humanos podemos atestiguar– de una experiencia viva, íntima y Real. Una experiencia que se desarrolla en una vida cotidiana que sentimos situada en la columna de la derecha (dimensión superficial), pero que, teniendo siempre latente nuestro «verdadero ser» y «naturaleza esencial» y divinal, se ve impulsada evolutiva y consciencialmente, cada vez con más fuerza, a la de la izquierda (dimensión subyacente).

¿Puedes poner algún ejemplo de esto último?

¿Te has dado cuenta de que muchos seres humanos perciben hoy una inclinación creciente hacia el vaciamiento, desasimiento o desalojo interior?

Sí, lo he percibido. Incluso a mí me pasa...

Pues es señal de que, al empezar a sentir nuestro «verdadero ser» y «naturaleza esencial» y divinal, notamos su Naturaleza como No-Nombre, No-Ser, Nada, Vacío... Y, ante ello, de manera natural, emana de nuestro interior una potente y creciente vocación y tensión hacia el vaciamiento, el desasimiento y el desalojo interior.

Y supongo que podrías poner otros muchos ejemplos en los que ocurre algo similar.

En las últimas charlas que compartí a finales de 2012 me detuve en una serie de «prácticas» para la vida cotidiana. Puede verse, por ejemplo, el vídeo de la que impartí en el Encuentro entre Buscadores del Círculo Sierpes, en http://achinneni.blogspot.com.es/2012/12/emilio-carrillo-encuentro-entre.html. Tales prácticas son básicamente siete: práctica de Vida Sencilla, práctica del aquí y ahora, práctica de la Libertad y ausencia de miedos, práctica de Silencio, práctica de Quietud, práctica de Confianza y práctica de Endiosamiento.

Pues bien, en todas ellas ocurre lo mismo: la tendencia de bastantes personas a desarrollar una Vida Sencilla (que se sitúa en la columna de la derecha o dimensión superficial) es reflejo de la inclinación hacia la Simplicidad y la Transparencia (columna de la izquierda o dimensión subyacente); la práctica cada vez más extendida del aquí y ahora (derecha), de la Instantaneidad (izquierda); la de la Libertad y ausencia de miedos (derecha), de la Omnipotencia (izquierda); la búsqueda de espacios de Silencio (derecha), del Reposo (izquierda); la Meditación que cada vez más gente ejercita (derecha), de la Quietud (izquierda), etcétera.

Y con todo ello, con este fluir consciencial desde la dimensión superficial a la dimensión subyacente –que es lo que Pablo de Tarso llama «imitar a Dios»–, el Amor que somos se va liberando de todas las capas conscienciales que, en nuestro proceso evolutivo, venían tapando su Presencia e interferían en su Frecuencia.

Por esto, la afirmación completa de Pablo de Tarso es: «Háganse imitadores de Dios y sigan andando en Amor» (Carta a los Efesios 5, 1-2). Así hasta que la Frecuencia de Amor llega a impregnar e impulsar la totalidad de las actitudes con las que, de instante en instante, afrontamos los hechos, situaciones y circunstancias de la vida diaria, de los más grandes a los más pequeños.

FRECUENCIA DE AMOR, PRÁCTICA COTIDIANA Y ACTITUD EN EL AQUÍ Y AHORA

Doy por hecho que no hay compartimentos estancos, sino que todo está holísticamente interrelacionado.

¡Y tanto! Es una práctica, no una teoría, que se despliega en una especie de «cadena» conformada por sucesivos eslabones perfectamente interrelacionados e interconectados. De manera telegráfica, pueden ser así descritos:

1.º Las prácticas de Vida Sencilla, Libertad, aquí y ahora y Silencio aportan una Paz y una Armonía interior que, poco a poco, van generando la inclinación a la Quietud y a un dejar de hacer («no-hacer») tareas y actividades que antes llenaban nuestra agenda cotidiana.

2.º La paulatina profundización en el «no hacer» pone de manifiesto que hay una premisa previa: percatarse de la «innecesariedad de hacer», de que no hay «deber de» ni «tener que» hacer nada.

3.º La «innecesariedad de hacer» se halla íntimamente unida a la percepción de que todo tiene su porqué y su para qué y que todo fluye, refluye y confluye en la perfección de cuanto Es. Y esto, a su vez, hace «ver» que todo está en Evolución y que la idea de «cambio» es una ficción del ego. De este modo, el ego va perdiendo fuelle y protagonismo en nuestra vida.

4.º Así, se va produciendo la desidentificación con el cuerpo físico, los sentidos corpóreo-mentales y la vida material (es muy importante el papel de la meditación en este proceso de desidentificación). Y, en paralelo, la toma de conciencia sobre nuestra divinidad –«verdadero ser» y «naturaleza esencial»–, que conlleva, entre otras cosas, la apertura de otros sentidos y «ventanas» conscienciales para percibir lo Real

5.º En la medida en que todo lo anterior echa raíces en nuestro interior, se constata que la idea de «perfección» era una inercia de la dualidad en la que vivíamos cuando nos identificábamos con un yo físico-material: no es que todo sea «perfecto», sino que, sencillamente, todo «Es».

6.º Este «Es» se corresponde con esa acepción del verbo «ser» que ya se ha apuntado en la entrevista: «Acontecer». Por tanto, el todo «Es» supone que todo, simplemente, «Acontece»: una experiencia continua, compuesta de experiencias que no son duales –ni positivas ni negativas–, sino todas igualmente precisas y maravillosas, que se despliega y es expresión de la Vida. Esto permite constatar el auténtico calado del aquí y ahora:

el momento presente no puede ser pensado, pues ya sería pasado. El momento presente es experiencia pura y no puede ser intelectualizado, ni etiquetado, ni enjuiciado. Si se hace esto, ya no se trata del momento presente, sino de un momento pasado.

7.º El acontecer y la experiencia pura son desenvolvimiento (Movimiento) y Manifestación de lo Inmanifestado. Enunciado coloquialmente, lo Manifestado es la «dimensión superficial» de Dios y lo Inmanifestado, su «dimensión subyacente».

8.º Lo Inmanifestado es la Naturaleza Esencial de Dios, por más que Dios sea todo y todos, lo Inmanifestado y su Manifestación. Y los «atributos» de lo Inmanifestado (dimensión subyacente) se trasladan como «referentes» y «pautas de atracción (absorción)» al proceso evolutivo y a la vida cotidiana (dimensión superficial).

9.º El ejercicio efectivo de estos «atributos» libera al Amor que somos de todas las capas que, en nuestra evolución consciencial, taponaban su Presencia y distorsionaban su Frecuencia. Y esta, la Frecuencia de Amor, se transforma en la base y sostén de la totalidad de las actitudes con las que, en cada momento presente, afrontamos los hechos y circunstancias del día a día, tanto los que la mente juzga de importantes como los que considera menores o insignificantes.

10.º Interiorizado todo lo precedente, la Vida se transforma en un «vivir viviendo» en el que, desde el Amor y sin iniciativa propia, se va acometiendo aquello que la Providencia y la propia Vida (no la mente ni el ego) van poniendo por delante. Y no se hace porque sea necesario por o para algo, o porque haya una obligación de hacerlo, sino porque la Vida nos va situando ante ello y como plasmación y acción de nuestros dones y talentos.

El Amor y su Frecuencia llenarán todas las circunstancias del día a día.

La Vida está repleta de estímulos, impactos, hechos y sucesos: cuando paseamos, conducimos, trabajamos, disfrutamos del ocio... Pero ante todas estas situaciones y circunstancias cotidianas, si nos mantenemos en conexión activa y consciente con nuestra divinidad, el Movimiento (columna de la derecha) que desplegamos será el radiante resplandor de la Quietud (columna de la izquierda) que resplandece en nuestro «verdadero ser» y «naturaleza esencial».

Entonces seremos plenamente conscientes de que el momento presente –el aquí y ahora– es un espacio sagrado de Libertad donde, desde mi interior, genero –yo y solo yo– la actitud con la que respondo a cada estímulo o impacto exterior. Y la calidad y frecuencia vibratoria de las actitudes que creo y aplico dependen solo de mí, pertenecen en exclusiva a mi esfera y espacio de Libertad.

No debemos olvidar que las actitudes forjan las emociones y pensamientos que nos llevan, a su vez, a desarrollar acciones. Estas, por su parte, terminan siendo repetitivas y se convierten en hábitos. Y son estos, finalmente, los que modelan y forman nuestro carácter y nuestra visión del mundo, de las cosas, de la vida y de la muerte. Pero todo tiene su origen en las actitudes que surgen ante los estímulos e impactos que acontecen de instante en instante.

Y esas actitudes las generamos en ese espacio de Libertad que es el aquí y ahora. Es en este ámbito tan íntimo como sagrado donde decidimos si respondemos al estímulo e impacto en consonancia con el ser divino que somos –con una Frecuencia de Amor y de modo que nuestro Movimiento por la Vida sea resplandor de la Quietud que brilla en nuestra dimensión subyacente–, o a instancia de nuestro ego y nuestro pequeño «yo», con lo que convertimos el Movimiento en un incesante repiqueteo carente de Armonía y Amor y lleno de desasosiego y estrés.

De ahí la trascendencia y las consecuencias prácticas y cotidianas de liberarnos de las capas consciencieles que, en nuestro proceso evolutivo, taponaban y obstruían el Amor que somos e interceptaban su Frecuencia e interferían en ella, logrando que esta imbuya –y se haga presente en ella– la totalidad de las actitudes con las que, de instante en instante, afrontamos los hechos y situaciones de la vida diaria.

AMOR AL PRÓJIMO Y AMOR A UNO MISMO

Lo que hará que en esa vida diaria rija el amor al prójimo...

La visión aún mayoritaria en la Humanidad de un Dios exterior ha desfigurado lo que el amor al prójimo significa, implica y conlleva.

Cristo Jesús lo expresó muy bien en el mensaje que recoge el Evangelio de San Marcos (12, 31). Sus palabras exactas fueron: «Amarás a tu prójimo como a ti mismo».

Es bastante evidente que en ellas conviven dos componentes: el «amor al prójimo» y el «amor a uno mismo». Y el segundo componente –el amor a uno mismo– se plantea rotundamente como condición necesaria para ejercer el primero –el amor al prójimo–. El adverbio de modo «como» denota idea de equivalencia y, por el orden en el que se muestran en la frase, supedita claramente el amor al prójimo al amor a uno mismo. Por lo que si el amor a uno mismo es pequeño o no existe, será pequeño o no existirá el amor al prójimo: ¡en la medida en que te ames a ti mismo, amarás al prójimo!

Siendo tan obvio este mensaje, ¿por qué se malinterpreta y se cercena, poniendo el acento en el amor al prójimo y olvidando la premisa que lo antecede: el amor a uno mismo?

Porque lo de amarse a uno mismo suena muy egoísta y egocentrista. Pero esto sucede debido a que, bajo la influencia del Dios externo, no nos percatamos de nuestro «verdadero ser» y «naturaleza esencial» y divinal, y no reconocemos el Dios que es yo.

Este reconocimiento de nuestra divinidad es el significado profundo de amarse a uno mismo.

Volvemos al «endiosamiento».

Al hablar del amor a uno mismo y situarlo como condición imprescindible para poder amar al prójimo, Cristo Jesús hace hincapié en la necesidad del «endiosamiento», ya que amarse a uno mismo supone descubrir y percibir que Dios es yo y yo soy Dios cuando ceso de ser «yo».

Esto representa amarse a uno mismo: identificarse con el Padre/Madre y hacerse uno con Él; identificarse con el Dios que es yo, no con un ego que se empeña en separarse y aislarse de Él.

Y ningún egocentrismo hay en amarse a uno mismo. Todo lo contrario, pues, como ya se resaltó, se requiere mucha humildad y mucho Amor para cesar de ser «yo» y propiciar que la «amada» se transforme en el «Amado». Y solo al ocurrir esta transformación, solo en ese punto del proceso evolutivo en el que se toma conciencia de nuestro «verdadero ser» y «naturaleza esencial», el Amor que somos se libera de todas las capas que lo cubrían.

Lo que comúnmente llamamos amor –el amor humano en sus diferentes expresiones– es maravilloso, pero es una emoción y un sentimiento. El Amor es algo bien distinto, pues es una vibración muy especial: la Vibración Pura y Primigenia, que abordaremos en el contexto de la «física de la Deidad»; la vibración de lo Inmanifestado; la vibración que emana de modo natural de la dimensión subyacente de Dios e impulsa la configuración de la dimensión superficial, de lo Manifestado. Y esta vibración se encuentra presente y subyacente en toda la Creación y, por supuesto, en el ser humano.

Al tomar conciencia de nuestro «verdadero ser» y «naturaleza esencial» y divinal, el Amor subyacente en nosotros queda plenamente liberado y su vibración, la Frecuencia de Amor, brilla en nuestra vida, haciendo realmente posible el amor al prójimo, que se despliega de manera espontánea, sin trabajo ni esfuerzo y sin noción alguna de obligación, deber o imposición ética o moral. Hasta el punto de que ya ni siquiera se «ama», pues seguiría entonces actuando un «yo» separado, sino que somos Amor y Amor es intrínsecamente todo lo que compone y se desenvuelve en nuestro «vivir viviendo».

En cambio, cuando se vive en un estado consciencial que concibe a Dios como algo exterior a uno mismo, el amor al prójimo es muy a menudo una ficción mental y, hasta por extraño o duro que parezca, una manifestación del ego.

Por esto, por el influjo de la «insoportable levedad del ego», tantas personas ven en el amor al prójimo una vía para ser «buenos» o, incluso, «mejores» que los demás.

O para alcanzar el Cielo; o para merecer el juicio positivo de un Dios ilusamente separado de nosotros y colocado mentalmente en las alturas, en la distancia.

También por ello son tantas las personas que, tras dedicar mucho tiempo y esfuerzo a amar al prójimo, se hallan insatisfechas y se preguntan: «¿Cómo es posible que, después de todo lo que he hecho por los demás, lo que encuentro en mi interior no sean los frutos de esa siembra, sino una íntima y honda sensación de vacío y agotamiento?».

La razón de todo esto radica en la falta de amor a uno mismo: no percatarse de nuestro «verdadero ser» y «naturaleza esencial» y divinal, separarse consciencialmente del Dios que es yo y concebir un Dios externo que nos observa desde la lejanía y la fragmentación. Con el amor a uno mismo, al ser uno con el Padre/Madre, el Amor que somos todo lo inunda y su Frecuencia todo lo llena.

SUFRIMIENTO, «INNECESARIEDAD DE HACER», EVOLUCIÓN

De la mano de todo lo que vienes compartiendo, se constata que los efectos e impactos de la percepción de un Dios exterior son tan numerosos y rotundos como «invisibles», por llamarlo de algún modo, para la mayoría de los seres humanos.

Los efectos llegan incluso al ámbito de la salud, pues la pérdida del contacto vivencial con nuestra naturaleza divinal es la razón primaria de las enfermedades que el ser humano padece tanto a nivel físico como psíquico.

Las personas quieren sanar sus enfermedades. Es lógico y normal, pues la salud del cuerpo merece nuestra atención. Pero no se percatan de que las enfermedades corporales no surgen por casualidad, sino que vienen a nuestra vida para sanarnos de otras enfermedades de más calado derivadas de nuestra desconexión con lo que somos. Esta es la profunda función sanadora de la enfermedad que desconoce la medicina moderna.

Valga al respecto lo expuesto por Carl Jung en su obra *Recuerdos, sueños, pensamientos*: «He visto a menudo que los hombres se vuelven neuróticos cuando se contentan con respuestas insuficientes o falsas a las cuestiones de la vida. Buscan situación, casamiento, reputación, triunfo exterior y dinero; pero permanecen nerviosos e infelices incluso cuando han logrado lo que buscaban. Esos hombres, con mucha frecuencia, sufren una estrechez de espíritu muy acusada. Su vida no tiene en modo alguno un contenido suficiente, ni sentido alguno. Cuando pueden desenvolverse en una personalidad más amplia, ordinariamente cesa la neurosis».

Concebir a Dios como algo externo a nosotros mismos va ineludiblemente unido al olvido y postergación de nuestro «verdadero ser» y «naturaleza esencial», lo que impide, a su vez, que sintamos y vivenciemos la Felicidad o «Bien-Ser», que es nuestro estado natural. Al ignorar lo que somos, nos identificamos con lo que realmente no somos, con nuestro componente material-mental: el cuerpo físico y emocional, los sentidos corpóreo-mentales y el pequeño «yo» o ego y la «naturaleza egocéntrica» a ellos asociados. Y desde esta «naturaleza egocéntrica», nos lanzamos a la búsqueda del «bienestar» fuera de nosotros mismos, en el mundo exterior.

Sin embargo, el «bien-estar» es un pésimo y exiguo sustitutivo de la mencionada Felicidad o «Bien-Ser» que atesoramos interiormente. Y en su búsqueda, nos introducimos en un estado de ensoñación en el que se vive la ficción de poder lograr la satisfacción permanente del «yo». Y la ensoñación conlleva la inclinación emocional y mental hacia el placer, lo que se plasma en un sinfín de deseos, anhelos, ansias, aspiraciones, pasiones y apegos.

Las consecuencias de todo ello es una visión dualista y dicotómica o «experiencia dual» del mundo y de nuestra existencia (bienestar y malestar, positivo y negativo, bueno y malo...), la ignorancia derivada de no contemplar y aprehender la realidad por otras ventanas «conscienciales» que no sean solo los sentidos corpóreo-mentales y, en última instancia, el sufrimiento.

La vía para no llegar a este extremo y evitar el sufrimiento es la toma de conciencia de que Dios es yo y yo soy Dios cuando ceso de ser «yo». Pero en lugar de esto, el ser humano se resiste a abordar las raíces profundas de su sufrimiento, intenta evadirse de él y se mete, para ello, en una dinámica egoica en la que sobresalen dos necesidades creadas exclusivamente desde el «yo» y la mente: la «necesidad de hacer» muchas cosas, cuantas más mejor, y «realizarse» en ellas; y la «necesidad del cambio», sea de uno mismo, de aquellos con los que convivimos o del mundo en general.

Pero ambas necesidades son, simplemente, una huida hacia delante. Y producen, a la postre, el mismo sufrimiento que se quería evitar o superar. Lo cierto es que en la Creación rige la «innecesariedad de hacer» y no existe el cambio, sino la Evolución.

Sufrimiento, «innecesariedad de hacer» y Evolución Si te parece, nos iremos ocupando de cada componente de esta tríada, de manera pausada y detallada, en nuestras próximas conversaciones; y dejaremos para la entrevista final, tal como planteaste, la «física de la Deidad».

Lo haremos desde el Amor y con Amor.

Alguien –no me acuerdo quién– describió la Frecuencia de Amor cual brújula para el retorno al Hogar.

Pues al hilo de ello, fluye del interior que comparta un poema.

¡Venga...!

¿Dónde estoy? –pregunta el viajero–.
En ningún lugar, si eres tú;
en todos sitios, si cesas de ser tú para ser Él.
¿A dónde voy? –se interroga el caminante–.
A ninguna parte, si eres tú;
a todos lados, si dejas de ser tú para No-Ser.
¿Quién soy? –se cuestiona el peregrino–.
Nadie, si eres tú;
nada, si cesas de ser tú para ser Él.
¿Qué soy? –interpela entonces–.
Un sueño efímero, si eres tú;
un Todo Eterno e Inabarcable, si dejas de ser tú para No-Ser.

¿Eres tú el autor?

¿Quién soy yo?

¡Touché!

¡Ja, ja, ja...!

No soy cristiano, ni judío, ni mago, ni musulmán.
No soy del Este, ni del Oeste, ni de la tierra, ni del mar.
No soy de la mina de la Naturaleza, ni de los cielos giratorios.
No soy de la tierra, ni del agua, ni del aire, ni del fuego.
No soy del empíreo, ni del polvo, ni de la existencia,
ni de la entidad.
No soy de India, ni de China, ni de Bulgaria, ni de Grecia.
No soy del reino de Irak, ni del país de Jurasán.
No soy de este mundo, ni del próximo, ni del Paraíso,
ni del Infierno.
No soy de Adán, ni de Eva, ni del Edén, ni de Rizwán.
Mi lugar es el sinlugar; mi señal, la sinseñal;
mi identidad, la sinidentidad.
No tengo cuerpo ni alma, pues pertenezco al Espíritu
que emana del Amado y Él mismo Es.
He desechado la dualidad, he visto que los dos mundos son uno.
Estoy embriagado con la copa del Amor, los dos mundos han desaparecido de mi vida;
no tengo otra cosa que hacer más que el jolgorio y la jarana.

Muhammad Rumi

Capítulo 3

SUFRIMIENTO

EL SUFRIMIENTO ES INHERENTE AL PROCESO CONSCIENCIAL DEL SER HUMANO

En el tramo final de la conversación precedente dejamos abiertos cuatro asuntos: el sufrimiento, la «innecesariedad de hacer», la Evolución y la «física de la Deidad». Te pido que nos centremos aquí y ahora en el primero de ellos y entremos de lleno en el sufrimiento: su alcance, sus causas y la manera, si la hay, de evitarlo.

¡Perfecto!

¿Qué es lo primero que te gustaría decir acerca del sufrimiento?

Que en él nos igualamos todos los seres humanos como en ninguna otra vivencia, emoción o percepción.

En los últimos años he tenido oportunidad de compartir experiencias con una gran cantidad de gente. Y a lo largo de estos encuentros, tanto individuales como colectivos, he ido comprobando cómo muchas palabras no tienen un mismo significado para cada cual, sino que son interpretadas de forma diversa en función de cada interlocutor. Sucede incluso con un vocablo tan potente como «amor», que es entendido e interiorizado de manera muy diferente según cada persona. De ahí que, para enfatizar lo que con él queremos realmente comunicar, lo escribamos con minúscula («amor») o con mayúscula («Amor»), o le pongamos un determinado apellido (por ejemplo, «amor incondicional»).

Pues bien, esto no ocurre cuando hablamos de «sufrimiento». Al utilizar este término, lo usual es que sí exista una gran homogeneidad y uniformidad sobre lo que significa y conlleva.

El sufrimiento nos acerca e iguala a todos los seres humanos con mayor fuerza, claridad y precisión que cualquier otra experiencia.

Es una apreciación importante para empezar a abordar el sufrimiento. Coincido con ella. Pero, ¿a qué se debe?

A que el sufrimiento es inherente al proceso consciencial del ser humano.

Enunciado coloquialmente, es una especie de bastón en el que nos apoyamos –o de bastión en el que nos fortalecemos– para avanzar en nuestra evolución, en nuestro retorno al Hogar, en nuestro proceso de toma de conciencia acerca de nuestro «verdadero ser» y «naturaleza esencial» y divinal.

No tendría que ser así; no hay ninguna razón, obligación o predeterminismo para que lo sea; no es en modo alguno una pauta o patrón del Orden Natural de la Creación. Sin embargo, en nuestro libre albedrío y en la encarnación en este plano humano, son las experiencias de sufrimiento las que más nos impulsan en nuestra evolución consciencial y las que más contribuyen a que expandamos la conciencia y, por ende, nuestra visión del mundo, de la vida y de la muerte, de nosotros mismos y de nuestra auténtica naturaleza.

«Lo más terrible se aprende enseguida y lo hermoso nos cuesta la vida»: así lo sintetizó el poeta y cantautor cubano Silvio Rodríguez en su canción El Elegido.

La conozco bien. Es muy emotiva y elocuente. Se la dedicó a Abel Santamaría.

¿No fue a Che Guevara?

Silvio la compuso en 1969 y, en reconocimiento a la labor de Haydée Santamaría, creadora y patrocinadora de la famosa Nova Trova Cubana y presidenta de la Casa de las Américas, se la dedicó a su hermano Abel. Haydée y Abel formaron parte del grupo de jóvenes del Partido Ortodoxo que, bajo el mando del abogado Fidel Castro, asaltaron, el 26 de julio de 1953, el cuartel Moncada de Santiago de Cuba. Ambos fueron detenidos y Abel murió salvajemente torturado, al igual que el compañero sentimental de Haydée, Boris Luis Santacoloma.

No obstante, atendiendo a la letra de la canción, el protagonista es «un ser de otro mundo», «un animal de galaxia» que iba «de planeta en planeta». Y cuando «al fin bajó» hacia la guerra... ¡perdón!, quise decir «a la Tierra», comprendió de inmediato que aquí «lo más terrible se aprende enseguida y lo hermoso nos cuesta la vida».

Esto me hace rememorar las «noches oscuras» de San Juan de la Cruz.

San Juan de la Cruz, en su poema *Noche oscura*, glosa la experiencia de sufrimiento, a la que metafóricamente denomina «noche oscura», y llama a no huir de ella, sino a aceptarla como camino y vía para el endiosamiento: «¡Oh noche que me guiaste!, ¡oh noche amable más que el alborada!, ¡oh noche que juntaste amado con amada, amada en el Amado transformada!».

No en balde, la evolución consciencial de cada cual se plasma en un recorrido por distintos estados de conciencia, cada uno de ellos con una frecuencia vibratoria menos tensa y densa y más pura que el anterior. Pero dentro de esta tendencia general, la conciencia se expande ondularmente, subidas y bajadas, por lo que, con independencia del estado de conciencia concreto, se viven esas bajadas o «noches oscuras». Y hay que aceptarlas como lo que son: la noche que es anuncio del amanecer. Y comprender que la noche es guía y espoleta en el proceso evolutivo.

La simbología cristiana en torno a la «cruz» bebe de este mismo convencimiento. Y la espiritualidad oriental va incluso más allá: contempla el sufrimiento como carga o peso existencial consustancial a la condición humana (a la que califica de «samsárica») y ve en su comprensión, en la profunda comprensión del sufrimiento, la llave del «nirvana».

LAS CUATRO NOBLES VERDADES

Ya que mencionas la espiritualidad oriental, en la tradición budista, la «iluminación» de Siddharta Gautama y su transfiguración en Buda se liga, efectivamente, al discernimiento sobre el sufrimiento...

Se narra que lo primero que hizo Buda tras alcanzar la «iluminación» bajo el árbol Bodhi, hace aproximadamente dos mil quinientos años, fue compartir las Cuatro Nobles Verdades, en las que el *duhkha* o *dukkha* ostenta un papel central. Y aunque este vocablo abarca una amplia gama de significados en su idioma original y carece de una traducción directa en las lenguas occidentales, todos ellos giran en torno a la noción de sufrimiento: malestar, dolor, tristeza, pena, descontento, desilusión, insatisfacción, incomodidad, intranquilidad, imperfección, fricción, aflicción, padecimiento, impermanencia, insustancialidad, pesar, frustración, irritación, presión, ir a contracorriente, agonía, tensión, angustia existencial...

¿Y qué enseñó Buda por medio de esas Cuatro Nobles Verdades?

Lo expuso en su primer discurso, llamado *Dhammacakkappavattana-Sutta* (*La puesta en movimiento de la rueda de la Verdad o Dharma*).

Pensando en los lectores menos familiarizados con el magisterio de Buda, ¿podrías acercarnos más estas Verdades?

Es muy sencillo, porque lo que Buda hace a través de ellas es describir un procedimiento médico que, siguiendo los usos de la medicina de su época, está configurado por cuatro fases principales: la observación del síntoma de la enfermedad, su diagnóstico, el pronóstico de las posibilidades de recuperación y la prescripción de una receta o tratamiento. Eso sí, aquí no se trata de una enfermedad física, sino del *dukkha*, que es una enfermedad de más calado.

¿Cómo se concretan cada una de estas «fases»?

La observación del síntoma se recoge en la primera de las Verdades: «El nacimiento es *dukkha*, la vejez es *dukkha*;

LAS CUATRO NOBLES VERDADES

Esta es la noble verdad de *dukkha*: el nacimiento es *dukkha*, la vejez es *dukkha*; la tristeza, el lamento, el dolor, la pena y el desespero son *dukkha*; la asociación con lo que no se ama es *dukkha*; la separación de lo que se ama es *dukkha*; no conseguir lo que se quiere es *dukkha*. En breve, los cinco agregados del aferramiento son *dukkha*.

Y esta es la noble verdad del origen de *dukkha*: el aferramiento que provoca el consiguiente devenir y que es acompañado por la pasión y el deleite, probándolo ahora aquí y ahora allí. El aferramiento al placer de los sentidos, el aferramiento a que algo aparezca, el aferramiento a que algo no aparezca.

Y esta es la noble verdad del cese de *dukkha*: la disminución y cese del aferramiento, la renuncia, el abandono, la liberación, el dejar ir ese mismo aferramiento.

Y esta es la noble verdad del camino de práctica que conduce al cese de *dukkha*: precisamente este «Noble Camino Óctuple» –el correcto punto de vista, la correcta resolución, el habla correcta, la acción correcta, el modo de vida correcto, el esfuerzo correcto, la atención correcta y la concentración correcta.

---

la tristeza, el lamento, el dolor, la pena y el desespero son *dukkha*; la asociación con lo que no se ama es *dukkha*; la separación de lo que se ama es *dukkha*; no conseguir lo que se quiere es *dukkha*».

Con ello se muestra que el sufrimiento está siempre presente: la muerte de uno mismo y de los seres amados es sufrimiento, la enfermedad de nuestros seres queridos y la propia es sufrimiento, incluso la convivencia con los seres amados conlleva sufrimiento, etcétera. El síntoma del sufrimiento es la insatisfacción ante la vida, y conlleva la comprensión de que toda existencia genera sufrimiento.

Tras la observación del síntoma, el diagnóstico...

La segunda de las Verdades se centra en: «El aferramiento que provoca el consiguiente devenir y que es acompañado por la pasión y el deleite, probándolo ahora aquí y ahora allí. El aferramiento al placer de los sentidos, el aferramiento a que algo aparezca, el aferramiento a que algo no aparezca».

Se pone así de manifiesto que el sufrimiento proviene de la postergación de nuestro «verdadero ser» y «naturaleza esencial» y la identificación exclusiva con el componente material-mental y el pequeño «yo» a este ligado. Tal aferramiento provoca la ignorancia consciencial acerca de lo que realmente somos, el olvido de que Dios es yo y yo soy Dios cuando ceso de ser «yo». Y por esto, no percibimos la Felicidad, que es nuestro estado natural –el «Bien–Ser» que somos– y nos lanzamos fuera, al mundo exterior, a buscar desesperadamente un sucedáneo: el «bien-estar».

¿La visión de un Dios exterior y la búsqueda del «bien-estar» fuera de nosotros son la fuente del sufrimiento?

La idea de Dios aún prevaleciente en la Humanidad, que es la de un Dios exterior, y la búsqueda del bienestar fuera de nosotros, que orienta la vida de la mayoría de la gente, son el origen y la causa del sufrimiento humano.

Como se ha insistido en los diálogos anteriores, la idea de Dios que todavía comparten mayoritariamente los seres humanos –«creyentes» o «no creyentes»– es la de algo o alguien exterior a ellos. Esta percepción sumerge a hombres y mujeres en el olvido de lo que realmente son, en la ignorancia de su «verdadero ser» y «naturaleza esencial». Y el olvido e ignorancia de algo tan sublime les impide, a su vez, sentir la Felicidad o «Bien-Ser», que es el estado natural de nuestra naturaleza divinal.

Al concebir un Dios exterior –para afirmarlo («creyente») o para negarlo («no creyente»), da igual–, el ser humano se desune mentalmente de la divinidad que constituye su genuino ser y naturaleza y se contempla a sí mismo como algo separado de ella. La consecuencia directa es la identificación con un «yo» material, emocional y mental: el cuerpo físico, los sentidos corpóreo-mentales, los pensamientos y emociones que, por medio de estos, experimenta y el «ego» y la «naturaleza egocéntrica» a todo ello ineludiblemente unidos.

Es así como esa idea de Dios, que hacen conscienciablemente suya la mayoría de las personas, las conduce a aferrarse a un «yo» y a una «naturaleza egocéntrica» que no son reales, sino puramente mentales, viviendo en un estado de «ensoñación» en el que no se percatan de la «naturaleza esencial» y divinal que todos, sin excepción, atesoramos y a todos, sin exclusión, nos caracteriza.

Y desde esa «naturaleza egocéntrica», se lanzan con vehemencia hacia fuera de ellas mismas –hacia el mundo y hacia los demás– en búsqueda del «bien-estar» (placer, contento, cuidado, protección, seguridad, éxito, conocimientos, reconocimiento...), que no es sino un pobre sustitutivo de la Felicidad o «Bien-Ser», que constituye el estado natural –innato, espontáneo, que no necesita ser buscado ni hallado– de nuestro «verdadero ser».

Dios exterior y bienestar en el exterior...

La búsqueda del bienestar en el exterior es la derivación lógica de la visión de un Dios externo que impide a tanta gente percibir y constatar su «verdadero ser» y «naturaleza esencial» y divinal. Y esta búsqueda exterior de lo que de forma sublime y esplendorosa ya atesoramos en nuestro interior se halla presidida por la inclinación vital y mental hacia el placer, que se plasma en un sinfín de deseos, anhelos, ansias, aspiraciones, pasiones y apegos.

Se pretende la satisfacción aquí y allá.

Sin embargo, cuando no la conseguimos, nos frustramos y ofuscamos («mal-estar»), lo que produce sufrimiento.

Y cuando sí la alcanzamos, no nos percatamos de que esa satisfacción momentánea («bien-estar») es intrínsecamente origen y preámbulo de más sufrimiento: al fundamentarse en una búsqueda externa derivada de la ignorancia de nuestro «verdadero ser», tal satisfacción promueve y justifica el aferramiento a la «naturaleza egocéntrica», lo que nos aparta de nuestra «naturaleza esencial» y de la Felicidad como estado natural y nos conduce inevitablemente a experimentar vivencias de aflicción.

Lo resume muy bien el caso del «hijo pródigo», en el que nos detuvimos en nuestra primera conversación. Mientras disfrutó experiencias de bienestar, creyó que esa era la vía, por lo que se aferró aún más a su pequeño «yo» y a la «naturaleza egocéntrica». Pero, por esto mismo, esas experiencias de bienestar fueron solo la antesala del sufrimiento que después padeció.

Además, por efecto de la polarización de las dicotomías, cualquier interpretación de las vivencias cotidianas en clave dual –ponerlas en un platillo (experiencias que consideramos mentalmente «positivas») u otro (vivencias que estimamos mentalmente «negativas»)– provoca impactos en los dos bandos dicotómicos –en los dos platillos a la vez–, por lo que la búsqueda de contento crea igualmente dolor; la de cuidado, desprotección y soledad; la de conocimiento, incomprensión y desubicación, etcétera.

El «mal-estar» y el «bien-estar», aunque para la mente parezcan experiencias muy distintas, forman parte realmente de un mismo tronco y beben de idéntica fuente: la omisión de nuestro «verdadero ser» y «naturaleza esencial» y la identificación con un falso «yo» y una «naturaleza egocéntrica». ¿Lo «ves»?

¡Lo «veo»! Y comprendo que la ruta que nos lleva al sufrimiento es una única ruta, pero cuenta con dos vías alternativas: el malestar y el bienestar. El malestar es la vía directa, sin parada, al sufrimiento. Y el bienestar es la vía que cuenta con una estación de tránsito: tal estación es, precisamente, la sensación pasajera de bienestar, que es solo la antesala del sufrimiento.

La ruta única al sufrimiento, con las dos vías que mencionas, tiene un nombre: «experiencia dual». Nos ocuparemos de ella posteriormente.

Baste ahora con recalcar que el sufrimiento es la consecuencia automática y lógica de las actitudes y las acciones que desarrollamos en libre albedrío cuando nos apartamos de lo que somos y buscamos en lo que no somos nuestro contento, cuidado, protección, seguridad, conocimientos, reconocimiento, satisfacción, placer... Y aunque tales actitudes y acciones, en su desenvolvimiento, parecen seguir caminos radicalmente distintos –malestar o bienestar–, realmente parten de un mismo punto de salida –el olvido de lo que somos– y conducen inexorablemente a un mismo punto de llegada: el sufrimiento.

Bajo todo ello subyace el aferramiento a lo físico y material, la consiguiente percepción de la «realidad» por la única vía de los sentidos corpóreo-mentales y, derivado de ambas cosas, el encumbramiento del ego y la ignorancia acerca de la impermanencia e interdependencia de cuanto nos rodea.

Olvidamos nuestra «naturaleza esencial» y divinal, nos identificamos con una «naturaleza egocéntrica» y creemos ilusamente que algún acto, logro, objeto, persona o entorno propicio nos llevarán a la satisfacción permanente del «yo», cuando el «yo» en sí no es más que una fabricación impermanente de la mente.

Es una pescadilla que se muerde la cola, una pescadilla que se enrosca sobre ella misma. Y responsabilizamos a los demás o a factores externos por el sufrimiento que hay en nuestras vidas, en vez de darnos cuenta de que son nuestras actitudes y acciones personales las que generan ese sufrimiento y asumir que la vida de cada uno es cien por cien responsabilidad suya.

Y esta enfermedad, el sufrimiento, ¿tiene cura?

En la tercera de las Verdades, Buda afirma que sí, que el sufrimiento puede ser vencido: «La disminución y cese del aferramiento, la renuncia, el abandono, la liberación, el dejar ir ese mismo aferramiento».

La sanación de esta enfermedad es posible por medio del recuerdo y el reencuentro con lo que somos, lo que provocará paulatinamente la disolución del deseo, la liberación de los anhelos y los rechazos, la eliminación de los apegos y las renuncias y, en definitiva, el abandono de toda búsqueda de bienestar, no dándole acogida en nosotros.

Esto exige la autoobservación: introspección para detectar lo que nos impulsa a desear cosas y a perseguir nuestro cuidado y contento. Así hasta lograr lo que San Juan de la Cruz expone en el cierre de su *Noche oscura*: «Dejando mi cuidado entre las azucenas olvidado».

Por tanto, el sufrimiento tiene cura: desaparecerá de nuestras vidas cuando dejemos nuestro cuidado y contento (la querencia de bienestar, en cualquiera de sus manifestaciones) entre las azucenas olvidado. Esto exige Confianza: dejarse fluir («vivir viviendo») con absoluta Confianza en la Providencia, en la Vida, en cuanto Es (Perfecto) y Acontece y en la Sabiduría innata –muy superior a cualquier tipo de conocimiento– que todos atesoramos en nuestro interior.

Y esta Confianza surge y se nutre, a su vez, del «cesar de ser yo»: la única forma de escapar de la insatisfactoriedad de la vida es enfrentarnos de manera directa a esta condición insatisfactoria, que siempre se dará y existirá mientras caminemos por la vida negando nuestro «verdadero ser» y con los zapatos del falso «yo». Al mirar de frente esta realidad, entenderemos cómo es y sabremos las causas del sufrimiento y qué hacer para que no surjan.

Y llegados aquí, solo queda la cuarta fase del procedimiento médico...

La cuarta de las Verdades. Se trata del «Noble Camino Óctuple»:

1. Comprensión correcta.
2. Pensamiento correcto.
3. Palabra correcta.
4. Acción correcta.
5. Ocupación correcta.
6. Esfuerzo correcto.
7. Atención correcta.
8. Concentración correcta.

Este «Camino» conlleva método y atención interior para centrarnos en nuestro «verdadero ser» y «naturaleza esencial» y no volver a buscar el «bienestar».

La práctica del Silencio y la meditación es muy importantes para esto. Y, sobre todo, conseguir que nuestras actitudes en el día a día –y las acciones que de ellas derivan– estén llenas de Amor, impregnando con su Frecuencia cualquier hecho, situación o circunstancia de la vida cotidiana.

EL SUFRIMIENTO ES UNA FICCIÓN MENTAL FRUTO DE LA IDENTIFICACIÓN CON EL EGO

Así expuesto parece sencillo, aunque la práctica diaria nos indica que es extremadamente complicado.

No es ni sencillo ni complicado. Simplemente, Es.

Imbuidos por la percepción de un Dios «exterior» y al no tomar conciencia de nuestro «verdadero ser» y «naturaleza esencial» y divinal, nos identificamos con un «yo» y una «naturaleza egocéntrica» que buscan ansiosamente el bienestar, con todas sus implicaciones y plasmaciones, en el mundo exterior. Pero el bienestar tiene el mismo origen y destino que el malestar. Y en la «realidad» física y material que nos rodea, rige la polarización, por lo que cualquiera de nuestras actitudes y acciones encaminadas a gozar de alegría y satisfacción (bienestar) es causa, en la misma medida, de tristeza y dolor (malestar).

Y lo que es aún más trascendente: tanto el bienestar como el malestar son vividos y sentidos solo por el ego. Nuestro «verdadero ser» es totalmente ajeno a estas sensaciones y experiencias duales que, desde nuestra «naturaleza esencial», se desvelan como lo que son: pura ficción que concebimos como «real» debido exclusivamente a que, en libre albedrío, otorgamos visos de «realidad» al mundo imaginario creado consciencialmente desde la mente por el aferramiento a una «naturaleza egocéntrica».

Es como si, al aferrarnos al ego y la «naturaleza egocéntrica», viviéramos dormidos en un mundo y una realidad que, realmente, son una especie de sueño o, visto lo visto, pesadilla.

Como seguro analizaremos cuando acometamos el diálogo acerca de la «física de la Deidad», la vida es sueño. De hecho, lo Manifestado, al surgir como proyección de lo Inmanifestado, es un sueño o estado de ilusión (*maia* o *maya*).

Mas el sueño puede ser experimentado de dos maneras muy distintas: «despierto», es decir, siendo consciente de que de un sueño se trata, o «dormido», esto es, sin esa conciencia e inmerso en la ensoñación. Y lo que diferencia un estado del otro es la toma de conciencia sobre nuestro «verdadero ser» y «naturaleza esencial».

Pero decirle a alguien que está sufriendo que ese sufrimiento se lo está imaginando...

No pretendo «decir» nada a nadie. Me limito a «vivir viviendo» de instante en instante lo más centrado posible en mi «verdadero ser» y «naturaleza esencial» y divinal, que sé bien que es la de todos, con Confianza en la Providencia y en la Vida y en Frecuencia de Amor.

Y en ese «vivir viviendo», comparto lo que emana de mi interior, sin buscar resultados y sin pretender convencer a los demás, y practico el Acompañamiento: acompaño en el aquí y ahora, con Amor y en Amor, a mis congéneres y me siento acompañado por ellos, cada uno en su estado consciencial y momento evolutivo, ninguno «mejor» o «peor, «superior» o «inferior» que otro.

El Acompañamiento requiere respeto absoluto al otro y Aceptación plena de su proceso y de las experiencias que en él vivencia, incluido, por supuesto, el estado de ensoñación y el sufrimiento que en él puedan estar sintiendo como real. Y el Acompañamiento se desarrolla poniéndose en el lugar del otro, para compartir lo que siente («Compasión»), y desde la Escucha del otro, no desde el «hablar» (decirle o desear «enseñarle» algo), lo que exige Silencio interior.

En este marco, solo si alguien –como tú ahora– me pregunta directamente o me pide que aborde el tema, compartiré con él desde el Corazón –como estoy haciendo aquí– que el sufrimiento es una ficción mental fruto de la identificación con el ego y que solo para el ego existe y es real: el sufrimiento es una creación de la «insoportable levedad del ego» y, por tanto, pura imaginación.

Has citado antes la polarización. ¿Está relacionada con el principio hermético del mismo nombre?

Efectivamente. El principio hermético de polarización pone de manifiesto que, en lo que llamamos «realidad», todo tiene dos polos –todo, su par de opuestos– y que los semejantes y los antagónicos son lo mismo: los opuestos son idénticos en naturaleza, pero diferentes en grado; los extremos se tocan; todas las verdades son semiverdades; todas las paradojas pueden reconciliarse.

Hay preguntas que, siendo elementales y relativas a conceptos que manejamos con absoluta soltura y rotundidad, resultan muy difíciles de responder. Por ejemplo, ¿dónde termina la oscuridad y dónde comienza la luz?, ¿dónde el frío y dónde el calor?, ¿dónde lo pequeño y dónde lo grande?, ¿dónde lo bajo y dónde lo alto? Oscuridad y luz, frío y calor, pequeño y grande, bajo y alto... son botones de muestra de nociones que utilizamos cotidianamente plenos de seguridad, pero que no resisten la prueba del nueve de preguntas como las anteriores, que los hacen tambalearse conceptualmente. Lo mismo sucede con ese par de opuestos del que venimos hablando: «bienestar» y «malestar».

Las enseñanzas herméticas resuelven semejantes paradojas a través del principio de polarización. Y, a partir de ahí, nos ayudan a poner de manifiesto la realidad del mundo que nos rodea, evidenciando que la distinción existente entre situaciones o fenómenos aparentemente opuestos es solo cuestión de grado, más allá de lo cual no hay auténticas diferencias, tratándose, por tanto, de la misma cosa y compartiendo idéntica naturaleza. Es lo que les ocurre al «malestar» y al «bienestar», pues en la esencia de ambos subyace lo mismo: el sufrimiento.

LA EXPERIENCIA DUAL

Podríamos concluir que la premisa o condición para que se sienta sufrimiento es el olvido de nuestra dimensión espiritual y el aferramiento a lo material, a un «yo» y una «naturaleza egocéntrica».

Para que el ser humano –o cualquier otra modalidad de vida de la infinidad que llenan la Creación y el cosmos, de la dimensión y plano que sean– experimente el sufrimiento, la identificación con lo material-mental (el cuerpo físico, los sentidos corpóreo-mentales y el ego y la «naturaleza egocéntrica» a ellos asociados) es condición necesaria, pero no suficiente.

Además de esa identificación, debe producirse el desenvolvimiento de la «experiencia dual», que cité de pasada anteriormente, siendo mayor el sufrimiento cuanto más intensa y extensa sea esta.

Háblame de la «experiencia dual».

Las experiencias del día a día (hechos, situaciones, circunstancias...) cuando son vividas desde nuestro «verdadero ser» y «naturaleza esencial», carecen de «color» y no son contempladas como «positivas» o «negativas»; simplemente, son todas experiencias que tienen su porqué y para qué en el contexto de nuestro proceso evolutivo y consciencial, contribuyendo a su devenir.

Sin embargo, cuando esas mismas experiencias son vividas desde el aferramiento a la «naturaleza egocéntrica», las pintamos de «blanco» o de «negro» en función de su interrelación con nuestro deseo de satisfacción y bienestar. El ego no puede evitarlo y clasifica inevitablemente todas las experiencias de la vida en dos grandes categorías: las que sí le gustan y satisfacen (le proporcionan bienestar: contento, placer, sensación de hallarse protegido, cuidado, alegría, conocimiento...) y las que no (le originan malestar: dolor, tristeza, sentimientos de desprotección o soledad...).

De hecho, la «experiencia dual» es utilizada por los sentidos corpóreo-mentales para percibir esa sensación de satisfacción. Un buen ejemplo al respecto, por simple que sea, es el disfrute que puede vivenciar el espectador de la práctica deportiva, que no se basa tanto en la contemplación del ejercicio deportivo en sí como en la competición que se establece entre personas o equipos. Verbigracia, en el fútbol, la gente no suele «pasárselo bien» viendo el partido como tal y sin más, sino con la emoción derivada de la identificación con uno de los dos equipos contrincantes. Sin tal identificación con uno de ambos y sus colores –«experiencia dual»–, el partido se convierte en algo insulso y aburrido. Pero esa misma identificación, que genera alegría si «nuestro» equipo gana, provoca tristeza en caso de que caiga derrotado.

Es un buen ejemplo...

Y la «experiencia dual» se desenvuelve en conexión con la polarización de las dicotomías antes aludidas, por lo que la interpretación de cualquier experiencia en clave dual provoca impactos en los dos bandos dicotómicos, tal como opera el sistema de «partida doble» que se sigue en contabilidad: cualquier operación o movimiento se anota por su valor en ambos lados del balance («debe» y «haber»).

¿Y esto funciona solo a escala individual o también colectiva?

A todas las escalas, incluso a nivel de la Humanidad en su conjunto. En el ámbito de nuestra conexión con la divinidad, las gárgolas de las catedrales fueron puestas donde están para compartir esta Sabiduría y plasmar simbólicamente este hecho: las oraciones y rezos en el interior de los recintos catedralicios de «fieles» que piden a un Dios exterior que satisfaga las pretensiones y demandas de su ego generan «monstruos» (sufrimiento) en el otro extremo de la «experiencia dual».

Y de esta –de la «experiencia dual»– solo se sale a través de la toma de conciencia sobre sus contenidos y calado y el despliegue de esta conciencia –la Atención Correcta de las Cuatro Nobles Verdades– en la cotidianeidad.

¿Me puedes poner un ejemplo de tu propia vida?

Lo primero que hago al levantarme cada día es practicar la meditación. Y es frecuente que, al iniciarla, escuche los cantos de pájaros que anuncian el próximo amanecer. Pero, en ocasiones, oigo también el ruido que provoca algún vecino madrugador.

Pues bien, no califico de «agradable» lo primero y «desagradable» lo segundo. Fuera de la experiencia dual, ni el canto de los pájaros es «bello» o «positivo» ni el ruido del vecino es «feo» o «negativo». Fuera de la dualidad, las experiencias, sencillamente, son, acontecen, y están desprovistas de calificativos, valoración o juicio. Es la «naturaleza egocéntrica» la que, desde la «experiencia dual», les otorga «color». Pero las experiencias carecen realmente de color: no son buenas o malas, positivas o negativas, agradables o desagradables. Simplemente, son experiencias, todas con su porqué y para qué en el proceso consciencial y evolutivo de cada cual. Y cada experiencia –la que sea– tiene su peculiar vibración.

Las apariencias de las experiencias –es decir, lo que perciben de ellas nuestros sentidos corpóreos y mentales– no son reales. Lo real en las experiencias es su vibración, que se puede escuchar desde el Corazón, como si se tratara de una melodía musical. Y desde el Corazón, desde nuestro «verdadero ser», podemos armonizar la vibración de cada experiencia –la que sea– para que resuene en la Frecuencia del Amor.

Por lo que venimos conversando, el sufrimiento, como si de una moneda se tratara, cuenta con un anverso y un reverso.

El anverso del sufrimiento son las aflicciones y pesares. El reverso, los placeres y alegrías. El anverso es el componente del sufrimiento que la gente identifica como tal. El reverso, en cambio, se mantiene oculto para la inmensa mayoría de las personas. Pero el reverso (bienestar) es tanta fuente de sufrimiento como el anverso (malestar).

No obstante, lo verdaderamente decisivo es que el sufrimiento, realmente, no existe: es ajeno a nuestro «verdadero ser» y se siente solo desde el aferramiento al ego y la «experiencia dual». Lo que la Humanidad llama sufrimiento y así siente es solo una ficción, una pesadilla originada por la ensoñación del ser humano cuando se halla «dormido», es decir, mientras pasa sus días en un estado que llama «vida», pero que es en realidad un sueño del que no es consciente.

La imagen de la Justicia lo simboliza muy atinadamente.

LA ALEGORÍA DE LA *IUSTITIA*

¿La imagen de la Justicia?

La Justicia suele ser dibujada como una mujer con tres signos distintivos fundamentales: tiene los ojos vendados, sostiene elevada una balanza con la mano izquierda y con la derecha, mantiene una espada hacia abajo.

Esta estampa metafórica se retrotrae a la diosa latina Iustitia, aunque las primeras monedas romanas la ilustraron con los ojos descubiertos. Sus raíces mitológicas se remontan a Maat en el antiguo Egipto. Y en la Grecia clásica fue la diosa Dice (Dicea o Dike), hija de Zeus y Temis y madre de Hesiquia, que personaliza la quietud y la tranquilidad de espíritu.

Sin embargo, esta figura es una alegoría, y representa algo muy diferente tanto de lo que a simple vista parece como del significado que comúnmente se le asigna. Su interpretación profunda está repleta de connotaciones trascendentes y se hunde en las raíces de la historia de la Humanidad.

¿Cuál es? ¿Qué hay detrás de cada uno de esos tres signos distintivos?

Lo primero que llama la atención es la balanza, a la que se acostumbra otorgar un protagonismo central en la reproducción artística de la Justicia. Pero con ella y los dos platillos que la conforman se simboliza realmente la «experiencia dual» y la polarización de las dicotomías sobre las que antes conversamos.

Volviendo a lo entonces dicho, la «experiencia dual» se debe a que el ego clasifica todas las experiencias de la vida cotidiana en una de estas dos grandes tipologías: las que le gustan y satisfacen, y las que no. Acudiendo a la imagen de la Iustitia, el ego coloca automáticamente cada experiencia vivida bien en un platillo (bienestar) o en el otro (malestar) de la balanza.

A partir de ahí, el objetivo del ego es simple: vivir la mayor cantidad posible de experiencias que puedan ser puestas en el platillo del bienestar y el menor número de las que deban ser situadas en el platillo del malestar. Así de elemental es la comprensión de la vida para el ego. Y así de falso, pues lo cierto es que las experiencias que se colocan mentalmente en un platillo u otro tienen el mismo origen e idéntico destino.

Como ya se expuso, el origen es la búsqueda exterior del bienestar desde el aferramiento a una «naturaleza egocéntrica» y ante el olvido de nuestra «naturaleza esencial» y la Felicidad o Bien-Ser, que es nuestro estado natural. Cuando se logran vivir experiencias donde se alcanza lo buscado, se siente bienestar; y cuando no se consigue lo pretendido o se viven experiencias de dolor y tristeza, se percibe malestar. Pero el punto de arranque de ambas sensaciones, pareciendo ser tan distintas, es el mismo: la ignorancia de nuestro «verdadero ser». E idéntico es el destino: el sufrimiento. No en balde, esta separación de nuestra auténtica naturaleza divinal es, inevitablemente, fuente y causa de aflicción y pena.

En un momento concreto, podemos pensar que no es así, pues lo que estamos experimentando es una vivencia que aporta bienestar. No obstante, al basarse este en una búsqueda exterior derivada del olvido de lo que realmente somos, tal vivencia fomenta y consolida nuestra identificación con la «naturaleza egocéntrica», lo que indefectiblemente nos aleja de la Felicidad como estado natural y nos aboca a vivir experiencias de dolor. Además, por efecto de la polarización de las dicotomías, cualquier interpretación de las vivencias cotidianas en clave dual –ponerlas en un platillo u otro– provoca impactos en los dos bandos dicotómicos –en los dos platillos a la vez: la «partida doble» de la contabilidad.

De esta forma, la balanza, con sus dos platillos, plasma la «experiencia dual» que preside y rige la vida humana cuando esta, en lugar de ser tal, es solo un sueño que se vive «dormido», en estado de ensoñación.

DEL *SAMSARA* AL *MOKSHA*

Pero si, contemplando la balanza, le preguntamos a cualquiera dónde está el sufrimiento, la respuesta mayoritaria será que en el platillo en el que se ponen los dolores, penas, tristezas, fracasos, frustraciones...

Bajo la influencia de la «experiencia dual» y el ego, así será. Pero fuera de esta visión egocéntrica, se percibe que el sufrimiento no se sitúa en un platillo o en el otro, sino en los dos, pues cualquier experiencia que coloques en cualquiera de ellos parte de la ignorancia de lo que somos y de la identificación con el ego, lo que es fuente segura e inapelable de sufrimiento. La balanza entera –que es la «experiencia dual» en la que el ego vive– representa el sufrimiento.

La inmensa mayoría de las personas persiguen poner el mayor número posible de experiencias en el platillo «positivo» del bienestar y las alegrías, y las menos, en el «negativo» del malestar y las tristezas. Y, efectivamente, si les preguntamos dónde se sitúa el sufrimiento, responderán rápidas y seguras que en el platillo «negativo» de la balanza. Sin embargo, esto no es así. El sufrimiento es intrínseca y genuinamente la balanza entera, ambos platillos, pues lo mismo que motiva las alegrías, motiva las tristezas, y viceversa.

El cuidado de uno mismo, la búsqueda de contento, los dualismos y enjuiciamientos –el ego en definitiva– generan tanto las tristezas como las alegrías. Ambas son fuentes del sufrimiento, conforme al principio hermético de polarización. Y empujan y movilizan las cadenas y ciclos de causa-efecto en las que, al ignorar nuestro «verdadero ser», queda atada la experiencia humana: el *samsara*, que tanta importancia tiene para las escuelas espirituales orientales y que comparte raíz fonética con *sengsara*, que significa precisamente «sufrimiento».

Y esto se diluye cuando recordamos nuestro «verdadero ser» y dejamos de ser «yo».

Cuando esto acontece, se deja de perseguir el cuidado y el contento fuera de nosotros mismos, pues se goza de la Felicidad como estado natural que atesoramos en el interior. Ya no hay búsquedas en el exterior y desaparece la fuente tanto del malestar como de un bienestar que solo acarrea más malestar, diluyéndose completamente el sufrimiento.

La palabra sánscrita *moksha*, usada actualmente en el hinduismo y el jainismo, se refiere a esta liberación espiritual y se remonta a los antiguos Vedas. «Veda» proviene del término indoeuropeo *weid*, que se traduce como «ver». Y de este derivan el vocablo griego *oida* o *foida*, que equivale a «saber», y el latino *video*, que también significa «ver».

¿Qué muestran exactamente los textos védicos?

Sus autores, así como los Mish-Ra, sus antecesores y maestros, procuraban enseñar a la gente que las consecuencias de la identificación durante la vida física con una «naturaleza egocéntrica» no concluyen con la muerte corporal, sino que se extienden al tránsito a la «otra vida».

Así, debido a tal identificación con el ego a lo largo de la vida material, una vez desencarnados se produce la continuidad del aferramiento bien al cuerpo físico –aunque ya no dispongamos de él, se mantiene la identificación consciencial– bien al alma, sobre la que debatiremos cuando abordemos la «física de la Deidad». Y este aferramiento, en cualquiera de sus modalidades, genera el deseo y la voluntad, en libre albedrío, de volver a encarnar (*samsara*) como ser humano. Acontece así un nuevo nacimiento físico para desarrollar una existencia en la que, aunque no lo recordemos, se dará continuidad a lo vivido en las vidas precedentes (karma).

La única manera de romper con esta cadena o rueda samsárica (ciclo de reencarnaciones y ataduras del karma) es la experiencia que *moksha* conlleva: percibir en la vida presente el mundo de ilusión o *maya* en el que se despliega la existencia material, practicar la aceptación para no caer en la «experiencia dual», recordar nuestro «verdadero ser» y «naturaleza esencial» y divinal para mantenerse «despierto» en medio del sueño, experimentar que Dios es yo y yo soy Dios cuando ceso de ser «yo» y, a partir de ahí, con estos cimientos, cuando acontezca el fallecimiento físico y el tránsito, no aferrarse consciencialmente a ninguna identidad, sea del tipo que sea (física, álmica o espiritual, individual o colectiva), y retornar al Hogar para fundirse con Brahman.

Y antes de morir, en la vida física actual, ¿es posible alcanzar la identificación consciencial con Brahman?

Sí, sí es posible. A tal estado de unión consciente se le llama *samadhi* («éxtasis»). Brahman –vocablo igualmente sánscrito que significa «expansión»– es el Padre/Madre, la dimensión «subyacente» de Dios, lo Absoluto que, siendo Nada (No-Ser), es Todo y todos y, transcendiendo de todo (de toda forma, definición, figuración, delimitación y explicación), es inmanente y causa eficiente de Todo, incluido el cosmos y la Creación en su globalidad.

Te formularía más preguntas acerca de moksha, *pero no quiero apartarme de lo que nos ha traído a este punto de la conversación: la imagen de la diosa Iustitia. ¿Qué simboliza la espada hacia abajo?*

La espada representa la razón: la racionalidad cual fuente exclusiva de conocimientos y los sentidos corpóreos-mentales como únicas «ventanas» desde las que aprehender la realidad.

Y el hecho de que no esté blandida hacia arriba, sino dejada caer hacia abajo, indica que hay que ir más allá de la razón para comprender verdaderamente la realidad. Solo así brillará el Corazón, cerca del cual se sitúa precisamente la balanza. Porque es desde el Corazón (nuestro «verdadero ser» y «naturaleza esencial»), no desde la razón, desde donde hay que contemplar la balanza para salir de la ensoñación y la «experiencia dual» y «ver» que el sufrimiento no se halla en uno de sus platillos, sino en toda la balanza, en la balanza «per se», en el juego dual y dicotómico del ego.

¿Y los ojos vendados?

Mientras esto no se «ve», el ser humano vive con los ojos vendados, «dormido» y sumido en la ensoñación. Únicamente cuando desde el Corazón percibe y constata que la balanza al completo –el juego dual del ego– es el sufrimiento, entonces y solo entonces la venda cae, se descorre el velo y se «ve» la realidad: el sufrimiento no existe; el sufrimiento es exclusivamente una ficción del ego y es solo el ego quien sufre por su separación libre y consciente de nuestra «naturaleza esencial» y divinal y por el olvido y omisión de nuestro «verdadero ser».

La transfiguración del ser humano que «ve» lo que acabas de comentar debe de ser total.

No puede ser descrito con palabras. Supone «nacer de nuevo». La vida se transforma en Vida y se llena de Libertad.

LIBERTAD

¿Qué es la Libertad?

La carencia de miedos. Y la Libertad completa, la total ausencia de miedo.

Lo refleja muy bien el idioma inglés, donde el término «libertad», *freedom*, proviene de una antiquísima raíz indoeuropea que significa «amar». Y la palabra que la misma lengua anglosajona usa para expresar «miedo», *afraid*, procede de idéntica raíz y se construye como contraposición anteponiendo el prefijo «a». Por tanto, *afraid* es lo contrario de *freedom*: el miedo quita la Libertad y tapona el fluir del Amor que somos; y la Libertad es la ausencia de miedo y permite la expansión del Amor que somos.

La figura de la Iustitia, cuando se ha desprovisto de la venda en los ojos que le impedía «ver», vive sin miedos y sin ataduras al sufrimiento, y fluye en el Amor, en *moksha* y en Libertad.

Llegados a este punto, la balanza –la «experiencia dual» y el sufrimiento a ella asociado– se diluye y se transfigura, pegada al Corazón, en la Sabiduría sobre lo Real, que suele ser simbolizada como un libro. Y por lo mismo, la espada caída se transforma en Luz. Una Luz que no se mantiene hacia abajo, sino que se eleva bien alto, bien arriba, como si de una gran antorcha se tratara, para iluminar la Vida: la de uno mismo y la de cuantos nos rodean.

¿Estás describiendo la famosa Estatua de la Libertad?

«La Libertad iluminando el mundo» o Estatua de la Libertad, situada en el islote de igual nombre al sur de la isla de Manhattan, junto a la desembocadura del río Hudson, el icono más representativo de la ciudad de Nueva York.

Su figura tiene como base y sostén la imagen de la diosa Iustitia y es el resultado de su transfiguración cuando se «ve» la realidad y se vive libre de la «experiencia dual» y la ensoñación, consciente de nuestra «naturaleza esencial» y divinal y desidentificado del ego y la «naturaleza egocéntrica».

En este estado, el ser humano, emancipado del ego, se desvincula completamente del sufrimiento, comprobando que este era solo fruto de la imaginación de aquel.

Y ya no busca el «bien-estar» fuera de sí mismo, sino que disfruta de la Felicidad y el «Bien-Ser» que constituyen el estado natural de nuestro «verdadero ser».

Es muy hermoso e ilustrativo. Los que la diseñaron y construyeron, ¿eran conscientes de un significado tan profundo?

Fueron «iluminados» del siglo XIX, que, por cierto, no guardan conexión con los que hoy se autodenominan «Illuminatis». Su visión del ser humano y del mundo entroncaba con antiguas corrientes espirituales de corte iniciático y hermético, las mismas fuentes de las que bebieron, varias centurias antes, los constructores de las catedrales.

Estos «iluminados» diseñaron la Estatua de la Libertad y supervisaron su instalación en la actual ubicación, que eligieron, como así ha sido, cual futura «puerta del nuevo mundo».

El encargo recayó en tres personas ligadas a la francmasonería y el movimiento «librepensador»: el escultor Frédéric Auguste Bartholdi, que dio forma a la talla; el ingeniero Alexandre Gustave Eiffel, quien da nombre a la archiconocida torre de París, que se responsabilizó de la estructura interna de la estatua, y el arquitecto Eugène Viollet-le-Duc, que seleccionó los cobres utilizados para su construcción.

Particularmente evidente es el caso del primero, Bartholdi, al que se le encomendó la escultura de la estatua en

1875, inmediatamente después de haber formalizado su adhesión a la logia Alsacia-Lorena del Gran Oriente de Francia.

NO HUIR DEL SUFRIMIENTO

Para finalizar nuestra conversación en torno al sufrimiento y aun sabiendo que es una ficción mental fruto de la identificación con el ego, ¿qué le aconsejarías a tantas personas que lo padecen y que todavía, en su proceso evolutivo y consciencial, no pueden romper con tal identificación y siguen con los ojos vendados e inmersas en la «experiencia dual»?

Sobre todo, que no huyan del sufrimiento; que sientan y reconozcan su presencia y que se percaten de que el sufrimiento que existe en uno mismo tiene una triple dimensión: el sufrimiento por uno mismo, el sufrimiento por el sufrimiento de los que están a nuestro alrededor y el sufrimiento por el sufrimiento del mundo.

Las personas sufren, pero no quieren tomar contacto con el sufrimiento que tienen dentro. Temen ser sobrepasadas por el dolor, la pena y la desesperación y tratan de escapar del sufrimiento. Por ejemplo, por la vía del consumismo: sin ser conscientes de ello, pretenden huir del sufrimiento consumiendo televisión, revistas, música, comida... ¡Cuántos casos de obesidad y cuántas compras innecesarias se deben al deseo de huir del sufrimiento! Pero esto sirve de poco, pues el sufrimiento está ahí, continúa creciendo y siempre trata de manifestarse, especialmente durante la noche.

Ante ello, la práctica recomendada por el Buda, mediante las Cuatro Nobles Verdades con las que iniciamos esta entrevista, es no huir del sufrimiento: tomar contacto con él, sostenerlo amorosamente desde el Corazón y escucharlo muy atenta y hondamente para poder entenderlo.

¿Qué nos dice?

Primero, en lo relativo al sufrimiento de uno mismo por uno mismo, nos dice que es consecuencia directa del cuidado, de ese dichoso cuidado de nosotros y hacia nosotros que tanto preocupa a los seres humanos bajo el dominio del ego. Por lo que su cese y disolución pasa –como ya hemos compartido– por atender a los versos de San Juan de la Cruz: «Dejando mi cuidado entre las azucenas olvidado». ¡Se acabó el cuidar de mí! Y el lugar del cuidado es inmediatamente ocupado por la absoluta confianza en la Providencia, en la que se fluye sin pretender controlar la vida, ni programarla, ni conducirla a puerto alguno previsto por la mente o el ego. Entonces, dulcemente, en nuestro interior se posa la Paz.

Segundo, con relación al sufrimiento por el sufrimiento de los demás, de la gente que está alrededor, contiene o puede contener dos tipos de sentimientos bien distintos: el sufrimiento puro por el dolor que vivencian o el sufrimiento derivado del impacto que en mí y en mi vida tienen esa vivencia y ese dolor. En lo que respecta a este segundo tipo de sufrimiento, halla su causa en nuestro propio deseo de estar contento, es decir, en el empeño de buscar fuera el bienestar, en lugar de encontrar dentro la Felicidad que todos atesoramos, por lo que hay que asumir la honda dimensión de lo dicho al respecto por Buda: «Mi deseo de estar contento es el origen del dolor de los demás». En cuanto al primero –el sufrimiento puro por el dolor que experimentan los que están a mi alrededor–, se constata que, dada su pureza, se transforma en Compasión. Y esta es una energía sanadora que puede ser proyectada hacia los demás. Entonces, dulcemente, en nuestro interior se posa la Compasión.

Por fin, en lo referente al sufrimiento por el sufrimiento del mundo, en su globalidad y totalidad, no huyendo del sufrimiento se comprueba que emana, igualmente, de nosotros mismos. Más concretamente, de nuestra necesidad de enjuiciar todo y a todos y el anhelo de que las cosas sean y marchen como mi «yo» quiere y pretende que sean y marchen. Ante ello, hay que interiorizar el corolario de un viejo cuento sufí: «Respeta a los demás y al mundo, aceptando todo y a todos tal como son: sin estar de acuerdo ni en desacuerdo con nadie ni con nada». Entonces, dulcemente, en nuestro interior se posa el Amor.

Es así como no se huye del sufrimiento y este se transforma en Paz, Compasión y Amor.

Hay que tener, como has señalado, confianza en la Providencia.

La Confianza tiene una cuádruple dimensión:

1. Confianza en la Providencia: el cuidado de uno mismo sustituido por la confianza en la Providencia, que es nuestro ser interior y divino en acción.
2. Confianza en la Vida: el deseo de estar contento sustituido por la confianza en la Vida, que es el aquí y ahora, ni más ni menos, en su completa y amorosa radicalidad.
3. Confianza en cuanto Es y Acontece: el enjuiciamiento y el anhelo de que las cosas sean como y cuando quiere mi pequeño «yo», sustituidos por la Confianza en que todo tiene su porqué y su para qué y fluye, refluye y confluye en el Amor que todo lo impulsa y todo lo inunda.

4. Y Confianza en la Sabiduría Innata: la incesante búsqueda de conocimientos, originada igualmente por mi deseo de estar contento y la necesidad de enjuiciamiento, sustituida por la Confianza en la Sabiduría Innata que, dada nuestra naturaleza divina, atesoramos en nuestro interior.

Esta Confianza, en su cuádruple dimensión, promueve y potencia que, dentro del sueño, empecemos a estar «despiertos».

¿Algo más antes de terminar este diálogo acerca del sufrimiento?

Cuando comenzamos a «despertar» dentro del sueño, lo primero que solemos plantearnos es qué «hacer» para ayudar a nuestros congéneres, que permanecen inmersos en la ensoñación. Sin embargo, cualquier cosa que se quiera «hacer» implicará, para uno mismo, volverse a «dormir». Y para los demás, incrementar su sufrimiento, pues con nuestro «hacer» no conseguiremos otra cosa que aumentar el peso de su balanza, aunque sea aportando carga al platillo del bienestar, lo que, como ya se ha visto, solo será el preámbulo de más sufrimiento.

Lo cierto es que no hay nada que «hacer». Solo cuando se interioriza esto, el «despertar» se consuma y completa. A partir de ahí, únicamente cabe «vivir despierto»: un «vivir viviendo» que abre las puertas del verdadero Amor más allá de las emociones y sentimientos propios del estado de ensoñación.

Pues es el momento de cerrar esta conversación y empezar otra que se centre monográficamente en esa «innecesariedad de hacer».

¡Que así sea!

Capítulo 4

LA INNECESARIEDAD DE HACER

PRIMAVERA CONSCIENCIAL

Veamos qué sale de esta nueva entrevista, Emilio, la cuarta de la serie. Si me permites, antes de adentrarnos en la «innecesariedad de hacer» que la motiva, me gustaría que nos hablaras de esos cinco meses largos, entre diciembre de 2012, antes del solsticio de invierno, y mayo de 2013, en los que te mantuviste en retiro y silencio interior, metido en la «crisálida». ¿Cómo fue la «Metamorfosis»?

Fueron días espléndidos, que se desenvolvieron de la forma anunciada y esperada: en clave evolutiva interior, totalmente ajena a sucesos o fenómenos exteriores.

En la dinámica de la Evolución y del fluir natural, un ciclo concluyó y otro, al que me gusta llamar «Primavera Consciencial», acaba de empezar. La Madre Tierra vibra ya en una frecuencia distinta, más sutil y armoniosa. Y con ella, bastantes seres humanos, que comenzamos a sentir y comprender que somos mucho más que el soporte material que denominamos cuerpo y que los sentidos físicos, los corpóreos-mentales, son solo una pequeña parte de nuestras «ventanas» para acceder a la realidad –para contemplarla y aprehenderla– y tomar conciencia de lo que Es.

Paulatinamente, serán cada vez más personas –cada cual según su propio proceso evolutivo– las que vayan abriendo otras «ventanas» y capacidades y vías de percepción consciencial, impulsando y plasmando el salto evolutivo de la Humanidad desde la «conciencia egocéntrica», que hasta ahora ha prevalecido de modo claramente mayoritario, a una «Conciencia de Unidad» que está ligada a la profunda conexión con nuestra esencia divina, nuestro «verdadero ser» y naturaleza esencial», y la consiguiente desidentificación con lo material, emocional, mental y egoico.

Podremos ocuparnos de esa mutación de conciencia, de la «egocéntrica» a la de «Unidad», en el diálogo que dediquemos a la Evolución. Ahora quiero preguntarte lo siguiente: ¿tiene algo que ver la «desidentificación» a la que acabas de aludir con lo que tanta gente comparte conmigo acerca de que, de un tiempo a esta parte, se encuentran como desubicadas y faltas de referencias?

Tales sensaciones son consecuencia básicamente de tres cosas: el influjo en nosotros de la nueva frecuencia vibratoria del planeta en el que vivimos (gran ser vivo que nos «contiene», como nosotros a nuestras células); el empezar a notar que nuestros sentidos corpóreo-mentales constituyen solo una mínima porción de nuestras «ventanas» para ver y entender la realidad, comenzando, al unísono, a sentir y usar otras vías conscienciales asociadas a nuestro «verdadero ser» y naturaleza divina, y la desidentificación con nuestro componente físico-material y el ego, dando paso a una nueva «Conciencia de Unidad».

Todo ello nos introduce, por poner un símil, en una especie de «cámara de descompresión» (como si nos desplazáramos desde el fondo del mar a la superficie) en cuyo interior nos vamos adaptando, poco a poco, a la nueva vibración y al novedoso escenario consciencial.

La desubicación, la falta de referencias y otras sensaciones análogas son características de la estancia en esa «cámara de descompresión». Por tanto, se trata de algo normal y, para afrontarlo, basta con tener paciencia, mantener la calma y vivir con confianza en el proceso evolutivo en el que nos hallamos inmersos.

Entre las cosas de las que públicamente hablaste en 2012 como santo y seña del nuevo ciclo, de esa «Primavera» que citabas, se encontraba la inclinación interior al «no hacer». Ahora, en el verano de 2013, ¿qué puedes decirme al respecto?

Efectivamente, somos muchos los que estamos escuchando una voz interior que llama con fuerza a dejar de «hacer» tareas y actividades que hasta ahora formaban parte consustancial de nuestra vida diaria.

Nada extraño o extraordinario hay en ello, por más que al que lo experimenta, o a los que lo rodean, pueda parecérselo. El «no hacer» es una de las implicaciones más evidentes y notables de la influencia en el ser humano de la nueva vibración de la Madre Tierra y del nuevo ciclo que, en paralelo y al hilo de lo expuesto, se ha inaugurado para la Humanidad y ha anclado ya en numerosas personas.

NO HACER E «INNECESARIEDAD DE HACER»

¿Y qué supone exactamente?

«No hacer» supone, ante todo, tomar conciencia plena de la «innecesariedad de hacer».

¿Puedes explicarte mejor?

Es muy importante tener esto en cuenta: bajo la creciente inclinación a «no hacer» resplandece y subyace la «innecesariedad de hacer», que es previa al «no hacer» como tal.

De hecho, para que el «no hacer» fluya y cristalice en la vida cotidiana en su completa y genuina dimensión, previamente hay que tomar conciencia de la «innecesariedad de hacer».

¡Vaya! Entonces, lo de «no hacer» no es tan fácil como inicialmente suena...

Lo cierto es que es tan fácil como amable (en el sentido de esta palabra ligado al verbo «amar» y que significa «digno de ser amado»), ya que tomar conciencia de la «innecesariedad de hacer» conlleva percatarse íntima y definitivamente de que no hay exigencia o deber alguno de hacer nada. Lo que se halla ineludiblemente unido al discernimiento de la perfección –tan absoluta que ni siquiera hay que usar este apelativo, pues no hay imperfección posible– de cuanto Es y Acontece.

Quizás merezca la pena –pensando en los lectores– que enlaces estas reflexiones con las vertidas en las entrevistas precedentes.

Aunque suponga repetir lo que ya se ha recogido en las otras conversaciones, lo resumo así:

1.º La idea de Dios que aún comparte la mayoría de la Humanidad es la de algo o alguien «exterior» a nosotros.

2.º Esto nos sumerge en el olvido de nuestro «verdadero ser» y «naturaleza esencial», que son absolutamente divinales.
3.º Y tal olvido, la ignorancia de lo que auténticamente Somos, impide, a su vez, que sintamos la Felicidad, que es nuestro estado natural.
4.º La consecuencia directa, inmediata e irremediable de los tres puntos anteriores es la identificación con lo que no somos: con lo material, emocional y mental. Es decir, con lo que realmente es solo el «instrumento» o «vehículo» que utilizamos para experimentar el plano humano: el cuerpo físico, los sentidos corpóreo-mentales, los pensamientos y emociones, la personalidad... De este modo, perdemos la conciencia de que se trata exclusivamente de un «vehículo», nos aferramos a él desde la absurda creencia de que él es lo que somos y terminamos atados a un falso «yo» y una «naturaleza egocéntrica» (como si un actor quedara abducido por el personaje de ficción que interpreta, olvidando quién es realmente).
5.º Y desde esta «naturaleza egocéntrica», nos lanzamos hacia fuera de nosotros mismos en busca del «bien-estar», pobre sucedáneo de la Felicidad («Bien-Ser»), que es nuestro estado natural. Una búsqueda en la que se usa como herramienta la «experiencia dual».
6.º Por tanto, la búsqueda del bienestar fuera de nosotros es la derivación lógica de la idea de un Dios exterior, separado y desunido de nosotros. Y ambas –esa idea y esa búsqueda– son origen y causa del sufrimiento humano. No en balde, el objetivo de la búsqueda es la satisfacción de nuestros deseos. Pero cuando esto no se consigue, se siente dolor («mal-estar»), lo que produce

sufrimiento. Y cuando sí se logra, se trata de una satisfacción momentánea («bien-estar») que nos aferra todavía más en el olvido de lo que Somos y es preámbulo de más sufrimiento.

7.º ¿Cómo evitar, entonces, el sufrimiento? Tirando del hilo de la madeja, hay que volver al principio de esta cadena de causas y efectos: la idea de un Dios exterior. Por lo que la clave para evitar y superar el sufrimiento radica en la toma de conciencia acerca de que no hay desunión entre Dios y yo: Dios es yo y yo soy Dios cuando ceso de ser «yo», es decir, cuando dejo de aferrarme a cualquier noción de identidad, sea física, álmica o espiritual, sea individual o colectiva.

8.º Sin embargo –en lugar de ello e intentando escapar del sufrimiento que experimenta–, el ser humano se inventa mentalmente dos necesidades imperiosas: la «necesidad de hacer» muchas cosas, cuantas más mejor, y «realizarse» en ellas, y la «necesidad de cambio», sea de uno mismo, de aquellos con los que convivimos o del mundo en general. Pero ambas necesidades son, simplemente, una huida hacia delante. Y generan, a la postre, el mismo sufrimiento que se quería evitar o superar.

9.º Lo Real es que no hay necesidad, requerimiento, obligación, exigencia, compromiso o deber alguno de «hacer» nada. Y esta toma de conciencia se halla íntimamente vinculada a la percepción de que la Providencia actúa a cada instante, que la Vida es un Milagro continuo y que ya todo Es y nosotros mismos Somos todo aquello que nuestro Corazón puede anhelar.

Con relación a este último punto, los sentidos corpóreos-mentales no tienen capacidad para notar –ni siquiera intuir– algo tan colosal y hermoso, pero sí las otras «ventanas» y capacidades conscienciales que los seres humanos van abriendo en la medida que toman conciencia de su «verdadero ser» y naturaleza divinal.

No hay necesidad de hacer nada. Nada que pensar, construir, destruir, corregir, enmendar, perdonar, lograr, alcanzar, luchar, conquistar, trabajar, liberar, dominar, controlar, programar, redimir, despertar, salvar, alzar, derribar... Nada que sea preciso o conveniente hacer con relación a uno mismo o los demás. ¡Nada de nada!

Esto no debe de gustarle al ego...

¡Ja, ja, ja...! ¡Nada de nada! ¡Ja, ja, ja...!

El ego nos ha sido muy útil en nuestro proceso consciencial. Con Amor, debemos agradecérselo. Mas, llegados a un estadio evolutivo, es momento de dejar de aferrarse a él y darnos cuenta de que el ego nunca admitirá lo Real, pues es un «objeto mental» y su esencia es virtual y especulativa. Y la sola mención de la «innecesariedad de hacer» le resulta insoportable. Tiene motivos para ello, ya que tal innecesariedad desvela su gran secreto, el que con más celo custodia y esconde, pues de él depende su propia supervivencia.

¿Cuál es?

Expresado sin tapujos, que todo aquello que mentalmente creemos necesario hacer –que es de lo que el ego se alimenta– es mera ficción y pura vanidad egoica.

Entre los antiguos textos sagrados de la Humanidad, quizás el Libro del Eclesiastés es el más contundente a la hora de enunciar esta «innecesariedad de hacer», si bien pone el acento en la «inutilidad de hacer», que se engloba en la «innecesariedad», aunque esta ostenta más envergadura y connotaciones. Sus primeros versículos son paradigmáticos al respecto. Y arrancan con el célebre «vanidad de vanidades, todo es vanidad», que es una magnífica y sintética descripción de la vanidad del ego.

LIBRO DEL ECLESIASTÉS O LIBRO DEL PREDICADOR
Capítulo 1: Todo es vanidad

1,1 Palabras del Predicador, hijo de David, rey en Jerusalén.

1,2 Vanidad de vanidades, dijo el Predicador; vanidad de vanidades, todo es vanidad.

1,3 ¿Qué provecho tiene el hombre de todo su trabajo con que se afana debajo del sol?

1,4 Generación va, y generación viene; mas la tierra siempre permanece.

1,5 Sale el sol, y se pone, y se apresura a volver al lugar de donde se levanta.

1,6 El viento tira hacia el sur, y rodea al norte; va girando de continuo, y a sus giros vuelve el viento de nuevo.

1,7 Los ríos todos van al mar, y el mar no se llena; al lugar de donde los ríos vinieron, allí vuelven para correr de nuevo.

1,8 Todas las cosas son fatigosas, más de lo que el hombre pueda expresar; nunca se sacia el ojo de ver, ni el oído de oír.

1,9 ¿Qué es lo que fue? Lo mismo que será. ¿Qué es lo que ha sido hecho? Lo mismo que se hará; y nada hay nuevo debajo del sol.

1,10 ¿Hay algo de lo que se pueda decir: «He aquí que esto es nuevo»? Ya fue en los siglos que nos han precedido.

1,11 No hay memoria de lo que precedió, ni tampoco de lo que sucederá habrá memoria en los que serán después.

Este es el secreto que el ego guarda con más afán y esmero: todo lo que pensamos que se necesita hacer, es fantasía mental y manifestación de la naturaleza vanidosa del ego. Por lo mismo, discernir e interiorizar la «innecesariedad de hacer» pone en evidencia la absoluta innecesariedad del propio ego. Y este, desprendido de sus artificiosos disfraces y ropajes –ojo, también los de corte aparentemente espiritual o consciencial–, queda desnudo y mostrando su cruda condición y naturaleza: vanidad, vanidad de vanidades.

Darse cuenta de todo esto debe de aportar una gran serenidad y tranquilidad.

A partir de la toma de conciencia sobre la «innecesariedad de hacer», la Quietud y la Paz colman nuestra intimidad y nuestra vida, nuestro interior y nuestro exterior.

De ahí la trascendencia de la expresión «la paz sea contigo», pues sitúa nuestra intención hacia esa persona para que disfrute de la armonía, el sosiego, la conciliación íntima, la calma y la concordia que descansan en la «innecesariedad de hacer» y la carencia de vanidad –que es también ausencia de miedos y, por tanto, gozo de la libertad–. Y el «no hacer» se despliega entonces natural y sencillamente.

DE LAS TRES TRANSFORMACIONES

Quizás sea conveniente, para que nos aclaremos mejor acerca de lo que estamos compartiendo, que nos expliques en qué consiste exactamente ese «no-hacer». Para empezar: ¿qué diferencias hay entre hacer y «no-hacer»?

Lo que el ser humano denomina actualmente «hacer» se encuentra bajo el mando del ego –en toda su vanidad– y el control de la mente –que opera en clave cuantitativa y temporal–. Así, con relación al «hacer», al ego y la mente le preocupan básicamente tres cosas: primero, darse importancia, sentirse necesario (a ser posible, imprescindible) por o para algo; segundo, el «cuánto» hacemos o lo «grande» o «importante» que es aquello que hacemos o, teóricamente (al ego le encantan las suposiciones), podríamos hacer, y en tercer lugar, las repercusiones, efectos y consecuencias futuras, en el tiempo (el futuro es la droga a la que el ego profesa mayor adicción), de lo que hacemos o podríamos hacer.

Es precisamente este «hacer» –marcado por la vanidad, lo cuantitativo y lo temporal– el que bastantes personas hemos abandonado ya interiormente y en el día a día. ¿Por qué? Debido a que hemos advertido su innecesariedad, inutilidad, esterilidad e, incluso, la enorme carga de vanidad que en él late. Y, en ese mismo instante, emana desde el interior, de forma cada vez más apremiante y contundente, el «no hacer».

¿Qué es y representa...?

«No hacer» es algo de tremendo calado y muy fructífero. Y su hondo significado va más allá del sentido literal de esas dos palabras.

Tomar conciencia de la «innecesariedad de hacer» libera natural e inmediatamente al ser humano del pesado y fatigoso lastre que arrastra cuando vive sumido en la vanidad egoica: el lastre del «tener que hacer», que sojuzga nuestra «naturaleza esencial» y divinal.

Friedrich Nietzsche, en el capítulo con el que inicia los discursos de *Así habló Zaratustra*, titulado «De las tres transformaciones» («Tres transformaciones del espíritu os menciono: cómo el espíritu se convierte en camello; y el camello, en león; y el león, por fin, en niño»), llama a ese lastre el «tú debes». Y lo incardina en la fase de evolución del ser humano que, metafóricamente, asigna al camello: «El espíritu de carga que quiere que lo carguen bien».

La liberación de este «espíritu de carga» –del «tener que hacer»– desemboca en el «no hacer» y en la Emancipación Evolutiva, que representa el final del «castigo» bíblico expresado emblemáticamente en el «Te ganarás el pan con el sudor de tu frente» (Génesis, 3, 19). La conciencia sobre la «innecesariedad de hacer» –nada hay que ganar, nada hay que perder, nada hay que hacer– supone la Emancipación Interior, que está ligada a la Rendición y a vivir de instante en instante con la Bandera Blanca desplegada: completa Libertad –que es total ausencia de miedos y vanidad–, Aceptación plena de todos y todo, embelesamiento ante cuanto Es... ¡«Vivir Viviendo»!

Pero vivir significa inexorablemente «hacer»...

¡Pues claro! La Quietud conlleva ineludiblemente Movimiento. Y, como constataremos cuando hablemos de «física de la Deidad», hasta el Vacío –que es Quietud y reposo absolutos– vibra («vive»).

La pauta Quietud/Movimiento llena la Creación y el cosmos (la ciencia contemporánea se acerca rudimentariamente a ello por medio del famoso *Big Bang*): la Quietud es Movimiento, y el Movimiento, resplandor de la Quietud. Lo Inmanifestado (Quietud) y su Manifestación (Movimiento). Esta es la base del Tao y del Orden Natural de cuanto Es.

«Innecesariedad de hacer», «no hacer»... «Vivir viviendo» en Paz (Quietud). Y el «viviendo» conlleva «acción»

(Movimiento). No puede ser de otra manera. Respiro, me alimento, bebo, me muevo, interactúo con el entorno y con los que me rodean... Pero el «quid» de la cuestión no está en la acción exterior en sí (Movimiento), sino en desplegarla sin que pierda su conexión con la Paz interior (Quietud) derivada de la conciencia sobre la «innecesariedad de hacer».

O expuesto de manera más directa: el «quid» no radica en «qué» hago o dejo de hacer, sino en «cómo» acometo lo que sea para que siempre refleje la Quietud que brilla en mi dimensión subyacente (nuestro «verdadero ser») y la Paz que dimana del «no tener que hacer» nada, del «no deber», del «no hacer», del fin de toda vanidad y ficción.

Me viene a la memoria la meditación conjunta de Eferomjaescar (Az, 13-04.24), que sé que has compartido con algunos amigos.

Creo que te refieres a esta:

Lo importante no es el «qué», sino el «cómo».
Deja que los demás se ocupen del «qué»
y centra tu Corazón en el «cómo».
Es importante que el otro se ocupe del «qué» para minorar el dolor.
Es importante que tú te centres en el «cómo»
para aumentar el Amor.

La «naturaleza egocéntrica» a la que ilusamente nos aferramos llama a poner el acento en el «qué»: qué hago o dejo de hacer, qué «debo», qué «tengo que»...

Y nuestra «naturaleza esencial» deja el «qué» en manos de la Providencia y la Vida, y se centra en el «cómo» para llenar de Amor e impregnar con su vibración, con la Frecuencia del Amor, todos los hechos, situaciones y circunstancias –experiencias, en definitiva– que la vida (no la programación mental), de instante en instante, va poniéndonos por delante en el «vivir viviendo». Y da igual el color de la experiencia: que sea «positiva» o «negativa», «agradable» o «desagradable», «placentera» o «dolorosa»... Solo importa situar en la vibración del Amor cada experiencia que la Providencia y la Vida traigan a nosotros.

La Providencia y la Vida. Las has mencionado con frecuencia en nuestras conversaciones. ¿Qué son exactamente?

La Providencia es nuestro «verdadero ser» en acción. Una acción que no es pensada por la mente ni decidida por ella, sino que emana de nuestra dimensión subyacente y se plasma en la dimensión superficial (vida material) y en nuestra cotidianeidad por medio del Corazón.

Valga el símil del coche y su conductor: nosotros, cada uno, somos el conductor, que es nuestro «verdadero ser», pero nos olvidamos de ello y nos identificamos con el coche. Y desde tal identificación, nos sorprende que el coche esté «guiado» u «orientado» y que, a veces, sintamos «volantazos» en nuestra vida. Sin embargo, quien lo conduce no es ajeno a nosotros mismos, pues es nuestro «verdadero ser» en acción (conduciendo, en este caso).

¿Y la Vida?

La Vida se construye de instante en instante por medio de una gigantesca cadena de causas y efectos a corto, medio y largo plazo, que son generados por nosotros mismos desde las actitudes con las que, en cada momento, respondemos a los hechos, situaciones y circunstancias del día a día.

Para entenderlo adecuadamente, hay que darse cuenta de lo siguiente:

1.º Cada una de nuestras actitudes ante los hechos cotidianos tiene una determinada frecuencia vibratoria –de amor o desamor, de armonía o desarmonía, de paz o ira...– en función del estado consciencial y la situación anímica desde los que las generamos. Nosotros y solo nosotros somos los responsables de las actitudes, cada una con su correspondiente frecuencia vibratoria, con las que atendemos y respondemos a los acontecimientos y circunstancias del día a día.
2.º Las actitudes no son algo etéreo, sino que dan lugar a nuestras acciones y actuaciones concretas.
3.º Estas acciones y actuaciones tienen un impacto inmediato, en el mismo momento en el que las acometemos. Pero provocan, igualmente, efectos diferidos en el tiempo (corto, medio y largo plazo).
4.º Tales efectos, cada uno, tendrán idéntica frecuencia vibratoria (amor o desamor, armonía o desarmonía, paz o ira...) que la actitud desde la que se generó la acción que los provocó.
5.º La enorme cadena de causas y efectos a corto, medio y largo plazo que así generamos nosotros mismos desde nuestras actitudes construye la Vida y su plasmación concreta en cada momento.
6.º Por todo esto, la vida es responsabilidad de cada cual al cien por cien. Y todas las situaciones, circunstancias y personas que estuvieron, están y estarán en

nuestras vidas son realmente convocadas y atraídas por cada uno de nosotros, en función de nuestro propio proceso consciencial y evolutivo.

Y en manos de la Providencia y la Vida dejamos el «qué», para –en el aquí y ahora– centrarnos en el «cómo».

Ambas, la Providencia (nuestro «verdadero ser» en acción) y la Vida (responsabilidad al cien por cien de cada uno), en el «vivir viviendo» (de manera natural y sin necesidad de intervención de la mente), traen a nuestra cotidianeidad el «qué».

Nuestra «naturaleza esencial» y divinal nos impulsa por esto a dejar el «qué» en manos de la Vida y la Providencia. Y a concentrarnos en el «cómo» para que vibren en Frecuencia de Amor todas las experiencias que vivenciamos a cada instante. Y a este respecto, hay que insistir en que es indiferente el «color» con el que la mente y el ego –a través de la «experiencia dual»– las pinten, pues lo cierto es que cada una y todas tienen su porqué y su para qué en nuestro proceso evolutivo y consciencial. Lo único trascendente es situar cada experiencia que la Providencia y la Vida traigan a nosotros –a nuestra dimensión superficial y a la dimensión superficial del momento presente– en la vibración del Amor, que es la Frecuencia vibratoria de nuestra dimensión subyacente, de nuestro «verdadero ser».

De esta forma se plasma «El Cielo en la Tierra», nombre del blog que gestionaste durante tres años y que superó el millón de visitas...

Así es, denominando metafóricamente «Cielo» a la dimensión subyacente y «Tierra», a la dimensión superficial.

Solo a partir del preciso momento en el que se toma conciencia de la «innecesariedad de hacer», las cosas que «hago» fluyendo en el «vivir viviendo» se ven libres de cualquier sensación y noción de obligación, de meta u objetivo, de búsqueda o esperanza de resultados, de «tener que», de «deber».

Se hacen, simplemente, porque son parte de la vida misma, del «vivir viviendo» y del devenir ante las experiencias que la Providencia y la Vida –que es radicalmente amorosa e impulsa siempre con Amor nuestro proceso evolutivo– nos van regalando de instante en instante. Experiencias que, desidentificado del ego y alejado de la vanidad, ya no juzgo como «buenas» o «malas», ni etiqueto mentalmente con base en los dualismos y las dicotomías con los que el ego divide el mundo y se enfrenta a una Vida que estima hostil y agria.

De esta forma, el Movimiento es resplandor de la Quietud y la acción se desenvuelve de momento en momento en conexión con la Paz interior que caracteriza a nuestra «naturaleza esencial» y divinal y es consustancial a la «innecesariedad de hacer». Y queda libre de anhelos egoicos, de voluntad personal e individual y de vanidad.

Volviendo a Nietzsche y *Zaratustra*, acontece entonces una nueva transformación; y el ser humano, que antes había dejado atrás el «tú debes» del camello, evoluciona ahora hasta el punto en el que en la acción prescinde, igualmente, del deseo y abandona el «yo quiero», que el filósofo alemán asocia al «león». Y, fruto de esta transformación evolutiva del «león», nace el «niño». Es el «nacer de nuevo», en palabras de Cristo Jesús.

«NIÑO INTERIOR» Y «NACER DE NUEVO»

El célebre «niño interior»...

Percatarse de la «innecesariedad de hacer» permite un «no hacer» que es propio del «vivir viviendo» y que se despliega en una acción radicalmente nueva y distinta, pues ha escapado del dominio y el control del ego y la mente y se ha despedido –con Amor, por lo que aportaron al proceso evolutivo, pero para siempre– del camello (debes) y el león (quiero). El *Zaratustra* nietzscheano liga esta transformación al «niño» y la define como inocencia, un nuevo comienzo, una rueda que se mueve por sí misma, un juego: el juego de crear y un santo decir «sí».

¡Un santo decir «sí»!

Más adelante podremos subrayar probablemente la interrelación entre el «no hacer» y la Santidad. Pero ahora hay que remarcar que el nuevo hacer o «no hacer» del «vivir viviendo» mana directamente de la Inocencia que atesoramos en nuestro interior y en el Corazón. Y el Corazón fluye en el Amor y no se centra en el «qué», sino en el «cómo»: solo le interesa el Amor que ponemos en lo que hacemos en el mismo instante que lo hacemos.

Por esto, el «no-hacer» es uno de los signos vivenciales del ser humano que ha experimentado el «nacer de nuevo» (nacer = no-hacer), proclamado por Cristo Jesús en su diálogo con Nicodemo (Evangelio de Juan, 3, 1-15), y ya no surca la senda de la mente y los conceptos y esquemas mentales, sino la del Corazón, el Amor y la Confianza en la Providencia y la Vida.

¿Percibes la diferencia entre «hacer» y el «hacer nuevo» que implica el «no-hacer»?

Sí, lo voy captando. ¿Podrías seguir ahondando en ello?

Como se señaló en conversaciones precedentes, siendo la vida «sueño», este puede ser vivido: «despierto», es decir, siendo consciente de que experimentamos un sueño, o «dormido», esto es, sin percibir que es un sueño y estimándolo «realidad».

La ensoñación se corresponde con el estado «dormido» y está provocada por el olvido de nuestro «verdadero ser» y «naturaleza esencial» y divinal, así como el aferramiento al ego y la «naturaleza egocéntrica». Y en este estado de ensoñación, la gente vivencia como «verdad» lo que son solo ficciones e ilusiones mentales. Entre estas falacias destacan la percepción de «sufrimiento», la «necesidad de hacer» y la «necesidad de cambio». Pero, como ya se ha reiterado, ni el «sufrimiento» –del que se ocupó la entrevista anterior–, ni la «necesidad de hacer» –que estamos abordando en esta–, ni la «necesidad de cambio» –en la que nos detendremos en la siguiente– existen fuera de la ensoñación.

Pues bien, la conciencia radical acerca de la «innecesariedad de hacer», además de constituir los cimientos del «no hacer», coadyuva a sacar al ser humano de la ensoñación con la que vive el sueño que es la vida.

Percatarse de la «innecesariedad de hacer» permite al ser humano experimentar el sueño «despierto», con la paz y la libertad que ello supone, como las que sentimos cuando, dentro del sueño de la noche, nos damos cuenta de que de un sueño se trata: seguimos soñando, pero dentro del sueño ya nos desenvolvemos con una libertad y una tranquilidad inimaginables mientras no percibíamos que estábamos soñando. Y el abandono de la ensoñación es «no-hacer» y es Vivir: «vivir viviendo», no haciendo.

Solo cuando se sale de la ensoñación es posible experimentar la diferencia entre vivir («no hacer») y el hacer que practicábamos cuando estábamos «dormidos». Y solo en el «vivir viviendo» se puede experimentar el Amor que Somos y Todo Es. Con Amor no hay ensoñación. Sin Amor, no hay Vida.

Nuevamente el Amor...

Como ya hemos puesto en común en conversaciones precedentes: una cosa es el amor humano –en sus diversas manifestaciones– y otra, el Amor.

El primero es, sin duda, sensacional, pero es una emoción y un sentimiento. En cambio, el Amor es una vibración: la Vibración Pura y Primigenia –nos centraremos en ella en el contexto de la «física de la Deidad»– que emana de manera natural y espontánea de lo Inmanifestado o dimensión subyacente de Dios, y, a partir de ahí, impulsa y promueve la configuración de lo Manifestado o dimensión superficial de Dios. Y el Amor es el que interrelaciona y une las dos dimensiones citadas, haciendo de ambas Una: Dios.

Por esto, el Amor se halla inmanente y subyacente en la totalidad de la Creación y, desde luego, en el ser humano. Y es al tomar conciencia de nuestro «verdadero ser» y «naturaleza esencial» y divinal, cuando el Amor subyacente en nosotros se libera de todas las capas conscienciales que lo cubrían y su vibración –la Frecuencia de Amor– resplandece en nuestra vida cotidiana, de instante en instante.

Recordado lo anterior, hay que constatar que a menudo, en la encarnación como seres humanos y bajo el influjo de la mente, calificamos como «pequeño» o de «escasa importancia» lo que hacemos o lo que pensamos que podríamos hacer.

Pero estos esquemas mentales son falsos, porque la clave radica en el Amor y en el aquí y ahora.

Desde la conciencia sobre la «innecesariedad de hacer», lo que acometemos en el «vivir viviendo» se halla libre de vanidad y se plasma sin esperar ni desear nada y con Amor puro e incondicional. Y con este Amor, el acto aparentemente «menor» o «poco importante» se transfigura de manera instantánea en una acción infinita de Amor que atraviesa el cosmos y vibra y se expande energéticamente por toda la Creación.

Es por esto por lo que antiguas corrientes espirituales se refieren a la «no-acción» como la forma suprema de acción. Y, desde luego, resulta desconcertante para la mente que sea precisamente en el «no hacer», esto es, en el «nuevo hacer» asociado al «vivir viviendo» y desprovisto de necesidad, deber y deseo, como el Amor se manifiesta hasta en lo más pequeño y se expande por toda la Creación.

SANTIDAD

¡Uf...! Parece «algo colosal».

Es un magno y prodigioso escenario que se despliega ante el ser humano para que experimente la Santidad y viva en ella.

¿La Santidad? Ya hiciste mención a ella. ¿Qué es eso de la Santidad?

Para abordar la Santidad hay que referirse de nuevo a la visión de Dios, a la percepción que tenemos de la divinidad. Y, después, a lo que ser «santo» significa.

En lo relativo a lo primero y tal como venimos compartiendo desde el inicio de nuestros diálogos, cada vez más seres humanos sentimos e interiorizamos lo desvelado por los místicos de todos los tiempos y escuelas espirituales: Dios es yo, tú, todos y todo; y yo soy Dios cuando ceso de ser «yo» y dejo de identificarme con cualquier noción de identidad. Por tanto, Dios no es «algo» o «alguien» ajeno a nosotros mismos.

En cuanto a lo que representa ser «santo», el *Diccionario de la Lengua Española* indica en una de sus acepciones que es santo aquel hombre o mujer o aquella cosa que están especialmente dedicados o consagrados a Dios.

Pues bien, uniendo lo uno con lo otro, la Santidad es dedicar o consagrar la vida, no a un Dios exterior a nosotros mismos, sino al Dios que es yo. O lo que es lo mismo: Santidad es transformar la vida cotidiana en la constante manifestación y acción (un Movimiento que es resplandor de la Quietud) del Dios que es yo.

Y esto cuenta con la enorme ventaja de no ser algo retórico, sino radicalmente práctico: Santidad es que el Dios que es yo (dimensión subyacente del ser humano) se muestre efectivamente y se haga «Presente», a través de mis actitudes y acciones, en mi vida diaria y en el mundo que me rodea (dimensión superficial), llenando de Frecuencia de Amor todas mis vivencias y la globalidad de los eventos y situaciones que protagonizo y en los que participo, desde los aparentemente más nimios a los de mayor relevancia.

Además, por si lo anterior no fuera suficiente, esa «Presencia», siendo absoluta y evidenciándose en todo lo que somos, sin excepción, se pone singularmente de manifiesto en nuestra vida física humana por medio de los dones y talentos –o como cada cual quiera denominarlos: facultades, capacidades, facilidades, cualidades...– que cada ser humano posee.

Por esto, la Santidad –experimentarla y vivir en ella– consiste en plasmar en la vida diaria (dimensión superficial) la Presencia del Dios que es yo (dimensión subyacente). Y, muy especialmente, la Santidad es ejercitar, en cada momento y con Amor, los dones y talentos que cada cual posee y todos tenemos.

¿Así de sencillo?

Consciente de la «innecesariedad de hacer» y en el «vivir viviendo», me centro en el «cómo» para que vibren en Frecuencia de Amor, pues Amor es mi «verdadero ser», todas las experiencias –hechos, sucesos, acontecimientos...– que la Providencia y la Vida van poniéndome por delante de instante en instante.

Y centrado en el «cómo» y el Amor, ejercito mis dones y talentos –cada cual cuenta con los suyos–, que se manifestarán en el día a día sin esfuerzo, de manera espontánea y natural, pues su puesta en práctica se caracteriza precisamente por no costar trabajo y nutrirse de un entusiasmo («Dios en mí», en su etimología griega) que permite desplegarlos en conexión con la Felicidad, que es nuestro estado natural. No en balde, los dones y talentos son plasmación y expresión directa en «mí» de la Presencia de Dios que es yo, cada uno de nosotros y todo.

En esto radica la Santidad: el ejercicio cotidiano de nuestros dones y talentos. Lo que no quita para que atendamos, igualmente, los otros quehaceres que la Providencia y la Vida, en su fluir, vayan trayéndonos, aunque puedan parecer ajenos a la práctica de nuestros dones y talentos. Sin juzgar las experiencias ni etiquetarlas dualmente, las impregnaremos todas con la Frecuencia de Amor que subyace en nuestro interior. Por lo que la Santidad nos conducirá también, de un modo inexorable, a llenar de Amor hasta el acto más aparentemente insulso, monótono o repetitivo de la vida diaria.

DONES Y TALENTOS

¿Cómo descubrir en qué consisten esos dones y talentos y los que cada uno pueda poseer?

¡Facilísimo! Basta con que te observes a ti mismo y a los demás. Fíjate en que todas las personas, sin excepción, atesoran un «regalo» divino en forma de los dones y talentos que brillan en cada cual y son distintos en cada uno.

Sus características y contenidos suelen ser muy diferentes según los casos. Y no tiene por qué ser algo muy «grande» o «importante», ni con impactos para el «futuro»: saber cantar o interpretar; tener buen oído para la música; ser un «manitas» para el bricolaje; «ver» las matemáticas; movilizar energías de sanación; contar con capacidad para aglutinar a la familia o a la gente y que se sienta cómoda y acompañada; poseer sentido del humor, «gracia» y rapidez mental para, con chistes o chascarrillos, alegrar a los demás; tener mano para la cocina; gozar de serenidad para afrontar situaciones delicadas, etcétera. Normalmente, se trata de algo sencillo, nada extraordinario. Sin embargo, siempre es muy especial.

Y si no eres capaz –por las razones que sean– de ver los dones y talentos que atesoras, reflexiona sobre aquello que haces sin esfuerzo, con felicidad y entusiasmo, pues, normalmente, es manifestación de aquellos. Y, en última instancia, pregunta al respecto a las personas que te conozcan y con las que tengas confianza.

¿Me permites preguntarte cuáles son tus dones y talentos?

No sé cantar, ni interpretar, ni dibujar, ni casi nada que tenga que ver con las «artes», en general; aunque rozo la melomanía, carezco de oído para la música; soy un «manazas» para el bricolaje y «manco» para la cocina; no sé contar chistes... ¡Ja, ja, ja...!

Pero, como todos, poseo una batería de talentos. Curiosamente, he podido constatar que el *Ch'umilal Wuj* de los mayas los define muy bien a través de los signos y fuerzas asociados a mi fecha de nacimiento, que –como clave de mis dones– destaca «la energía y fuego interno» y, como desarrollo de estos, la condición de «enlazador de mundos», la vocación para «trascender los límites del tiempo y el espacio y abrir fronteras» y la capacidad para «develar información interior y manejo de la energía-poder».

Expresado con mis propias palabras, creo que tengo una inclinación innata a descubrir y plasmar hacia fuera la abundancia que hay en nuestro interior. Y una gran energía que fluye desde ese interior y se encauza de modo natural a aceptar e integrar la realidad en todas sus facetas, enlazando mundos aparentemente separados o en contradicción y sabiendo encontrar el punto de engarce y unión entre la tesis y la antítesis, lo racional y lo irracional, lo técnico y lo social, la ciencia y la espiritualidad...

Y con estas bases, gozo de cuatro dones principales: inteligencia, buena memoria e iniciativa para explorar nuevos espacios y perspectivas; talento holístico para indagar en muy diversos ámbitos temáticos y ligarlos sinérgicamente entre sí (economía, gestión y administración, filosofía, historia, espiritualidad, física y astrofísica, matemáticas...); agudeza, perspicacia y clarividencia para la introspección y la conexión interior (con nuestro «verdadero ser», con la Memoria Trascendente y con la información que guardamos en el ADN), y capacidad para comunicar y compartir con los demás los frutos de los dones anteriores.

Esto es lo que procuro poner en práctica con la Frecuencia del Amor en el aquí y ahora.

Detecta los dones que hay en ti. Y aquellos que sean, ejércelos con Amor y de instante en instante.

No lo hagas como obligación, por «tener que», por «deber», sino porque son tu expresión natural y espontánea ante la Vida. Además, lo harás con Felicidad y desde la Felicidad, que es el estado natural de nuestra «naturaleza esencial» –y lo es tanto, que el ejercicio de los dones y talentos ni siquiera se concibe como «hacer», sino como un hacer «no-haciendo» que fluye y se materializa de forma natural en el «vivir viviendo».

Hazlo sin esperar ni desear nada. Sin pretender levantar en los demás ni admiración –que es lo que le gustaría al narcisismo del ego, siempre queriendo «seducir» a los demás para reafirmarse– ni el reconocimiento o valoración positiva –que es lo que desea la parte del ego que se halla en constante actitud defensiva.

Y sin perseguir «ayudar» a nadie, pues habrás comprendido e interiorizado la «innecesariedad de hacer» y la enorme carga de vanidad que supone querer incidir o interferir en el desenvolvimiento de algo que Es (Perfecto), que fluye, refluye y confluye en el Amor y donde todo, completamente todo, tiene su porqué y para qué en el contexto del proceso evolutivo y consciencial de cada cual.

Lo que dices me trae a la memoria la llamada parábola de los «talentos».

Sí... A la puesta en práctica de los dones y talentos le es de aplicación esa parábola, recogida en el Evangelio de Mateos (25, 14-30).

El mensaje que se extrae de ella se dirige a no permitir que la apatía o el desánimo nos lleven a enterrar y no ejercitar los dones y talentos que atesoramos; o a utilizarlos egoístamente en beneficio personal, en lugar de compartirlos abiertamente con todos los que están a nuestro alrededor. Porque los dones y talentos que gozamos en esta vida física nos vienen dados desde nuestro «verdadero ser» y «naturaleza esencial» y divinal y se multiplican al compartirlos: son un tesoro que hemos recibido desde la dimensión subyacente de nosotros mismos para que los «invirtamos» compartiéndolos con todos en la dimensión superficial y en la vida diaria.

Lo que enlaza, igualmente, con las palabras de Jesús a propósito de la luz y el celemín: «¿Acaso se trae la luz para ponerla debajo del celemín o debajo de la cama? ¿No es para ponerla sobre el candelero?» (Evangelio de Marcos, 4, 21)

Los dones y talentos son la materialización y expresión directa en cada cual de la Presencia de Dios que es yo, cada uno, todos y todo. Y no los hemos traído a esta vida física y a esta encarnación en el plano humano para no ejercitarlos o guardarlos, o solo para nosotros o las personas más allegadas y queridas. Esto supondría esconder los dones y talentos –por tanto, la manifestación más evidente de la Presencia de Dios en mí– bajo la cama, o el celemín.

A lo que nos invita Cristo Jesús es a ponerlos sobre el candelero con generosidad, a mostrarlos, ejercitarlos

LOS TALENTOS

Un hombre que se iba al extranjero llamó a sus siervos y les encomendó su hacienda: a uno dio cinco talentos, a otro dos y a otro uno, a cada cual según su capacidad; y se ausentó.

Enseguida, el que había recibido cinco talentos se puso a negociar con ellos y ganó otros cinco. Igualmente, el que había recibido dos ganó otros dos. En cambio, el que había recibido uno se fue, cavó un hoyo en tierra y escondió el dinero de su señor.

Al cabo de mucho tiempo, volvió el señor de aquellos siervos y ajustó cuentas con ellos.

Llegándose el que había recibido cinco talentos, presentó otros cinco, diciendo: «Señor, cinco talentos me entregaste; aquí tienes otros cinco que he ganado». Su señor le dijo: «¡Bien, siervo bueno y fiel!; en lo poco has sido fiel, al frente de lo mucho te pondré; entra en el gozo de tu señor».

Llegándose también el de los dos talentos, dijo: «Señor, dos talentos me entregaste; aquí tienes otros dos que he ganado». Su señor le dijo: «¡Bien, siervo bueno y fiel!; en lo poco has sido fiel, al frente de lo mucho te pondré; entra en el gozo de tu señor».

Llegándose también el que había recibido un talento, dijo: «Señor, sé que eres un hombre duro, que cosechas donde no sembraste y recoges donde no esparciste. Por eso me dio miedo y fui y escondí en tierra tu talento. Mira, aquí tienes lo que es tuyo».

Mas su señor le respondió: «Siervo malo y perezoso, sabías que yo cosecho donde no sembré y recojo donde no esparcí; debías, pues, haber entregado mi dinero a los banqueros, y así, al volver yo, habría cobrado lo mío con los intereses. Quitadle, por tanto, su talento y dádselo al que tiene los diez talentos».

Porque a todo el que tiene, se le dará y le sobrará; pero al que no tiene, aun lo que tiene se le quitará. Y a ese siervo inútil, echadle a las tinieblas de fuera. Allí será el llanto y el rechinar de dientes.

abiertamente y compartirlos en nuestra vida diaria. Y no para que los demás nos admiren, o valoren, o reconozcan, sino como emanación del Amor que luce en nuestro «verdadero ser».

Tampoco para «ayudar» a los otros, pues eso introduciría la puesta en práctica de los dones y talentos en la esfera egocéntrica de la búsqueda de resultados o de la interferencia en el proceso consciencial y evolutivo de los demás porque «yo» crea que es «bueno» o «mejor» para ellos. Sencillamente, con entusiasmo, pero sin pretensión alguna, pongo la luz sobre el candelero porque es manifestación de «Dios en mí». Y puede ser que esa luz sea de utilidad a alguien que, valga el ejemplo, quiera leer un libro y no pueda hacerlo al estar en oscuridad. Pero también puede ser que esa luz sea molesta para otro que desea dormir y lo impidamos con ella. De hecho, cada cual responderá y reaccionará al ejercicio de nuestros dones y talentos desde la perspectiva derivada de su propio proceso consciencial y momento evolutivo. Y nosotros los ejercitaremos con independencia absoluta de esas respuestas y reacciones, sean del tipo que sean.

El ejercicio de los dones y talentos supone poner la luz (también presente en la «Estatua de la Libertad») encima del candelero o de la mesa no por algo o para algo, sino, simplemente, porque son manifestación del Dios que es yo, de su Presencia: esto es la «Santidad», en esto consiste plasmar «El Cielo en la Tierra».

¡Hermoso!

Es la hermosura del Amor. «No-hacer» es ejercer, con la hermosura y el entusiasmo del Amor, los dones concretos que la divinidad que somos ha elegido en esta encarnación en cada uno de «nosotros» como expresión más primorosa de su «Presencia». Y ejercerlos porque la vida, en su devenir, va poniendo por delante las circunstancias para ello. Por tanto, no por voluntad o iniciativa propia, que es la voluntad del ego, sobre la que Rumi afirmó: «Quien no escapa de la voluntad, carece de Voluntad». San Juan de la Cruz lanzó un mensaje similar, que venía a decir que quien no escapa del esfuerzo, para nada se esfuerza.

Sin iniciativa propia y sin voluntad, y ante las experiencias, situaciones y circunstancias que la Providencia y la Vida me van poniendo por delante, despliego los dones que constituyen aquí y ahora la expresión más plena de la acción (Movimiento) asociada a la Paz (Quietud) de mi «naturaleza esencial» y divinal. Por ello, «no-hacer» es la plasmación de la Santidad, pues es el «Amor de Dios en acción».

¿Ese «Amor en acción» tiene algo que ver con el «Dios en acción» al que se refirió Saint Germain?

«No-hacer», con los contenidos e implicaciones enunciados, es «el Amor de Dios en acción». Y en esta acción, la cuestión no es el «qué» –qué haces, cuánto haces o piensas hacer–, sino el «cómo»: el Amor que pones en lo que efectivamente haces, de instante en instante, en el devenir de la Vida y de la mano de la Providencia.

Todo lo cual me retrotrae a lo que compartimos en la entrevista precedente acerca de samsara, moksha y karma.

Como allí se indicó, los hinduistas creen que cada alma está encarnada en un cuerpo material, y que cada «hacer», cada actividad («buena» o «mala», da igual, pues realmente no existen las diferencias de «color» en las que ilusamente nos introduce la «experiencia dual») obliga al alma a volver a nacer (*samsara*) en un próximo cuerpo con el cual «disfrutar» los efectos derivados del «buen karma» (actividades bondadosas) o «padecer» los efectos del «mal karma» (actividades maliciosas). Pero *samsara* –la cadena continua de encarnaciones– es irremediablemente sufrimiento, con indiferencia del «color» del karma con el que se vuelva a reencarnar.

Frente a ello, la experiencia de *moksha* se refiere a la liberación del ser humano de las ataduras del karma; y significa trascender de *maya*, de la ficción, de la ensoñación que provoca vivir el sueño «dormido». Y en esto es fundamental discernir e interiorizar la «innecesariedad de hacer» y el «no hacer», pues evita la generación de karma del tipo que sea y, por tanto, la necesidad de seguir inmerso en la rueda samsárica.

AMOR EN ACCIÓN Y PRESENCIA DE DIOS EN NOSOTROS

Ha quedado muy claro. Pero intuyo que aún te queda algo más por compartir...

El Amor en acción es la prueba más evidente de la Presencia de Dios en nosotros, en todos y en cada uno.

Quizás cueste trabajo explicarlo, o entenderlo. Sin embargo, cuando descubres esa Presencia, una vez que la «ves», ya sabrás siempre quién «es» tú: Dios. Y tomarás igualmente conciencia de que Dios es también todos aquellos con quienes te relacionas, de la manera que sea («buena» o «mala», «positiva» o «negativa», «grata» o «ingrata»...), en cada momento presente: a quien hablas o te habla, a quien abrazas y te abraza, a quien estás amando o te ama, a quien estás sirviendo o te sirve.

Sabrás bien que Dios es todos y cada uno. Y el Hijo de Dios encarnado en ser humano: Cristo en persona. Sentirás y desplegarás esa Presencia crística (corrientes espirituales orientales la denominan «búdica»). Y comprenderás íntimamente que la «Parusía» o «Segunda Venida de Cristo a la Tierra» –que para la mayoría de los cristianos es el acontecimiento esperado al final de la historia– es, igualmente, la Presencia de Cristo en «mí» y aquí y ahora. No en balde, el vocablo «parusía» deriva del término griego *parousía*, forma sustantivada del verbo *páreimi*, que puede ser traducido como «estar presente». Entonces el «Ya no vivo yo, sino es Cristo quien vive en mí», anunciado por Pablo de Tarso y compartido ya en otra entrevista, se transforma en una maravillosa realidad y puede ser afirmado legítimamente.

Y no hay que olvidar que hay muchos lugares en el planeta en los que el sufrimiento de la gente es físico, material. Pero en otros sitios, como los llamados «países desarrollados», el sufrimiento presenta a menudo más calado y se mantiene más oculto. Debemos tenerlo muy en cuenta en el ejercicio de los dones de cada uno.

Sí, sé que duele más el dolor ajeno que el propio, y que las cosas se están poniendo muy apretadas y duras para esa parte del mundo (¿desarrollado?) que parecía estar muy desahogada, pero te noto y siento muy feliz al compartir todo esto...

¡Cómo no serlo! El «no-hacer» haciendo, que es «vivir viviendo», muestra que la Felicidad es nuestro estado natural e invita a la sonrisa. Permanentemente y en todo momento, pues la Alegría es el misterio del Amor. Lleno de Amor se está lleno de Alegría. Y fluye la sonrisa... En el rostro, en los ojos, en el abrazo, en las palabras, en la manera en la que interaccionas con los demás, en el modo en el que los miras o los tocas, en la forma en la que te comunicas y compartes con ellos... Se goza de la Vida Sencilla y todo se llena de Alegría.

Y fluye la sonrisa, ¡que reír es algo muy serio, ja, ja, ja...! Es el Amor en acción: el Dios que es yo actuando aquí y ahora y plasmando, real y fehacientemente, «El Cielo en la Tierra».

Probablemente no tengan ni idea de qué se trata, ni siquiera lo intuyan, pero todos los que se relacionan contigo, de la manera que sea, da igual, sentirán ese «toque» divino en ti, esa Presencia de Dios, esa Energía crística o búdica, ese Amor en acción. Y, por supuesto, lo sentirás tú mismo y estallarás en el Gozo continuo y en la Alegría constante que solo proporciona el Amor de Dios.

Cuando miro a alguien, no estoy viendo que sea hombre o mujer, que se llame de una forma u otra o lo que sea que represente esa manifestación física, sino que veo el espíritu en un alma, a su manera, siendo. Pero mi pregunta es la siguiente: ¿es siempre así de fácil como enuncias?

No lo es, desde luego, para la mente, pero hay que tener Confianza en la Providencia y en la Vida y, por ende, en tu propia divinidad. Se constata, entonces, que la «innecesariedad de hacer» y el «vivir viviendo» configuran un espléndido Camino ajeno al tiempo y al espacio, y también a los conceptos y criterios mentales. Un Camino donde el destino se halla a cada paso y la meta, en cada momento presente. Es el Camino que configura esa continua «Presencia» de Dios en tu vida y en el mundo que tu vida crea a su alrededor: el «juego de crear», que es lo que Nietzsche liga al «niño». Y lo plasmas a través de tus acciones de Amor con la gente a cada instante.

¿Es una llamada a la esperanza en estos tiempos tan turbulentos? Y conste que no me gusta usar la palabrita «esperanza», que suena a futuro, a postergación...

El día a día está aparentemente repleto de «malas» noticias, de hechos y acontecimientos «negativos». Pero no te dejes engañar por las apariencias.

Primero, porque todo se halla en proceso, en Evolución, y hay que aprender a respetar y aceptar el proceso de cada cual y de todo, pues todo tiene su porqué y su para qué en el devenir evolutivo.

Y segundo y no menos notable, porque –aunque las noticias no se hagan eco de ello– son muchísimas las personas –la inmensa mayoría de modo absolutamente anónimo– que de forma sencilla y natural, sin darle importancia y sin darse notoriedad ni relevancia, despliegan el Amor en acción en el aquí y ahora de sus vidas cotidianas.

Y en ese Amor en acción se encuentra la prueba de la Presencia de Dios, la prueba de que Dios Es. No de que fue o de que será, sino de que ¡Es! aquí y ahora. Y en ti, en mí, en todos y en Todo. ¡Que nuestros ojos se abran y no sean ciegos ante los Milagros que acontecen continuamente en nuestra vida y a nuestro alrededor!

¿Algo más?

Solo expresar de corazón –para ti y todos los lectores– que la Presencia de Dios inunde vuestras vidas en cada momento presente y para siempre, que permanentemente contempléis embelesados el «Rostro de Dios» en vosotros mismos y en cuanto os rodea; que gocéis continuamente de cuanto Es (Perfecto) y acontece.

¿Eso es la «Metamorfosis»?

Ni más ni menos, ¡ja, ja, ja...!

Capítulo 5

EVOLUCIÓN

EL «SÍNDROME GALILEO»

Empiezo esta entrevista, Emilio, con lo que una amiga me dijo tras el solsticio de invierno de 2012 –al no observar los cambios exteriores que ella y otros muchos esperaban que se produjese–: «Habrá que reinventarse, ¿no?». Yo le di una respuesta concreta. Pero conociéndote, es posible que hubiéramos coincidido, así que no te la diré; solo te formulo lo mismo que ella: ¿reinventarse?

El aquí y ahora no es momento ni de «cambios» ni de «reinventarse», sino de fluir, conectar con nuestra Esencia divina y dejar atrás el aferramiento a una «naturaleza egocéntrica», con todo lo que ello conlleva, para gozar la Vida sin miedos, con Confianza y en Amor.

¿Puedes extenderte un poco más?

Cada suceso, hecho o acontecimiento de la Vida –sea calificado por nuestra mente de importante o irrelevante, tanto da– es un Milagro. Los Milagros se desparraman y desenvuelven cada día a nuestro alrededor y en nuestras propias vivencias cotidianas. Basta con tener «ojos» para poderlos «ver». No hacen falta fechas concretas para que esto sea así. El 21 de diciembre de 2012 estuvo tan rebosante y colmado de Milagros como cualquier otra fecha.

Eso sí, tal como habían anunciado antiguas culturas –no solo los mayas– de los cinco continentes, los cien días comprendidos entre las fechas inmediatamente previas al solsticio de invierno de 2012 (21 de diciembre de 2012) y el equinoccio de primavera de 2013 (20 de marzo de 2013) supusieron el final de un ciclo evolutivo de la Madre Tierra y de todo lo que en ella mora, vive y convive y el estreno de otro: la «Primavera Consciencial» de la que hablamos en el arranque de la entrevista precedente.

Y como allí compartimos, este tránsito de ciclo, en lo que al género humano respecta, implica la transición desde la «conciencia egocéntrica» –que hasta ahora ha predominado– a una «Conciencia de Unidad».

En lo relativo a esa «conciencia egocéntrica», te he oído alguna vez referirte al «síndrome Galileo».

El 21 de junio de 1633, Galileo Galilei fue condenado por la Inquisición a prisión perpetua por refutar la teoría geocéntrica entonces imperante, que sostenía que la Tierra era el centro del universo.

Han transcurrido solo trescientos ochenta años, que en términos históricos es un lapso temporal reducido, pero hoy nadie defiende esa sandez y todos hacemos nuestro el *Eppur si muove* («Y sin embargo se mueve») pronunciado por el astrónomo y filósofo italiano. Es más, parece ridículo y casi increíble que, durante centurias, el geocentrismo fuera la visión comúnmente admitida. Y en el desenvolvimiento del momento presente, lo mismo ocurrirá con la «conciencia egocéntrica», pues, debido a la evolución consciencial de la Humanidad, en menos de doscientos años será solo historia.

Sin embargo, aquí y ahora, es fácil percatarse de que, en pleno siglo XXI, son multitud los seres humanos que han ido más allá incluso de la teoría geocéntrica y se han colocado a sí mismos, a su individualidad, a su «yo», en el lugar que aquella otorgaba a la Tierra, es decir, en el centro del universo. Así, viven sus días instalados en la «conciencia egocéntrica» y convencidos de que todo gira en torno a ellos y al exclusivo servicio de sus deseos y anhelos de satisfacción, en el contexto de una incesante búsqueda de bienestar fuera de sí mismos. Es una especie de «síndrome Galileo», consistente en sustituir a la Tierra por nuestro pequeño «yo» como centro y eje del cosmos y la Creación.

La «conciencia egocéntrica» es otra de las consecuencias del olvido de nuestro «verdadero ser» y «naturaleza esencial» y divinal.

El «yo» es un éxito de la evolución y ha sido muy valioso y provechoso en el proceso consciencial humano. Es importante recordarlo y reconocerlo. Pero no lo es menos darse cuenta de que, en el devenir de ese proceso, se ha llegado a un punto en el que, lejos de seguir siendo útil, se ha convertido en un obstáculo para que la Evolución fluya con la naturalidad y facilidad que la caracterizan.

La conciencia humana partió de una conciencia prehomínida desde la que pasamos a una conciencia mágica, luego mítica y ahora mental y racional. Pero no puede quedarse ahí: la conciencia es dinámica y evolutiva, y tiende a ampliarse y expandirse continuamente. Y en nuestro interior gozamos de capacidades para comprender la realidad de un modo que no puede abordarse con la razón.

La personalidad y la experiencia de individualidad en libre albedrío significan un gran logro de la Evolución, pero, al unísono, al llegar a un punto en el proceso evolutivo, suponen una limitación. Percatarse de que la Humanidad ya se encuentra en ese punto es esencial para cada persona, en particular, y para el género humano, en general.

Pero mucha gente continúa pensando que su conciencia egoica –derivada del aferramiento al «yo» y a una «naturaleza egocéntrica»– es la única posibilidad de saber y comprender.

Esto es igual de tonto o ingenuo que cuando se creía que la Tierra era el centro del universo.

Con base en esa forma de ver la vida y las cosas, el ser humano ha creado un mundo enormemente egocéntrico, que es la fuente de los conflictos y confrontaciones que asolan a la Humanidad y que la han situado –no lo podemos olvidar– al borde de la extinción como especie.

Pero la transición consciencial ya está en marcha. Para salir de la aludida limitación, el género humano se está dirigiendo de forma natural a una nueva estación en el proceso evolutivo definida por un novedoso estado consciencial: la «Conciencia de Unidad».

Una parte creciente de la Humanidad se irá volcando paulatinamente en ella a lo largo de las próximas décadas aprovechando el fluir y el impulso del nuevo ciclo evolutivo y la espoleta del riesgo cierto de extinción.

Con referencia a esto último, el «instinto de conservación» es normalmente «conservador». Sin embargo, en situaciones límites se transforma en audaz y hasta intrépido. Por ejemplo, por instinto de conservación, nadie se arrojaría por la ventana de un quinto piso. Pero si el edificio arde en llamas, ese mismo instinto incitará a saltar por ella.

A la Humanidad le sucede hoy algo parecido. El instinto de conservación, en su usual «conservadurismo», ha jugado históricamente a favor de la continuidad de la «conciencia egocéntrica». Mas llegado a un punto límite en el que esa «conciencia egocéntrica» coloca al género humano al borde de su desaparición, el propio instinto de conservación impulsa a dar el salto hacia una nueva conciencia: la «Conciencia de Unidad» que emana cada vez con más potencia desde el interior de un número creciente de personas.

De esta forma, los hombres y mujeres irán constatando que somos uno con Todo y que solo existe la Unicidad y la Unidad. Una red de pescador consiste en numerosas mallas; una malla sola no tiene sentido: cada una adquiere sentido en la totalidad.

«CONCIENCIA DE UNIDAD» Y NUEVO MUNDO

Esta transformación consciencial es un proceso interior de cada cual, pero tiene efectos en el exterior y en el conjunto de la Humanidad.

El tránsito desde una «conciencia egocéntrica» a una «Conciencia de Unidad» es lo que cada vez más gente está empezando a sentir y vivir.

Es un proceso de carácter «interior», desde luego. No obstante, repercutirá en el «exterior» en la medida en que lo haga suyo un número creciente de personas. Cuando esto suceda, cuando se alcance una masa crítica de seres humanos que vivan –no en la teoría, sino en su día a día– en «Conciencia de Unidad», una Nueva Humanidad brotará desde la actual de manera espontánea, cual fruta madura.

El ciclo evolutivo que conducirá a ello ya ha comenzado y la aproximación a esa masa crítica se acelerará durante los próximos decenios siguiendo patrones no de progresión aritmética (1, 2, 3, 4, 5, 6, 7...), sino geométrica (1, 2, 4, 8, 16, 32, 64...). Bajo el ascendiente de este nuevo ciclo y al ritmo que la Humanidad marque en su proceso de transfiguración consciencial, el Nuevo Mundo, que ya está emergiendo desde el Corazón de mucha gente, se expandirá y consolidará. Lo hará primero en la práctica cotidiana de cada vez más personas que, simplemente, «desconectarán» de lo viejo y vivirán su día a día en coherencia con la nueva conciencia y con independencia de lo que los demás hagan o digan o de lo que ocurra a su alrededor y en el resto del mundo. Y, finalmente, el Nuevo Mundo cristalizará colectiva y socialmente.

Se trata, por tanto, de un proceso que se irá desplegando de lo individual a lo colectivo, y del interior al exterior. Y en su despliegue, provocará distorsiones y turbulencias en aumento dentro del modelo y el sistema (paradigmas, valores, pautas sociales, ciencia y tecnología, economía, finanzas, política, ejército, instituciones, religiones...) de perfil egocéntrico en los que la vida humana se ha venido desarrollando.

Es precisamente por esto por lo que el viejo mundo está ya sumido en una crisis sin precedentes en la historia de la

Humanidad. Una crisis global y sistémica que todo lo abarca, a todos los ámbitos llega y a todas las personas afecta. Se hará cada vez más grave, intensa y extensa. Y en poco menos de doscientos años, experimentará su colapso definitivo de manera semejante a como las partículas materiales e incluso la luz quedan atrapadas y se desploman en el seno de un agujero negro.

¿El Nuevo Mundo surgirá tras la caída del viejo?

¡No, no! Es importante subrayar y comprender que el Nuevo Mundo no nacerá por la caída o muerte del viejo. Es exactamente al revés: el nacimiento del Nuevo Mundo causará y desencadenará –lo empieza a hacer ya– la disolución y muerte del anterior. El parto ya ha arrancado. Y, consiguientemente, la desconfiguración y descuajeringamiento del modelo y el sistema hasta ahora imperantes.

El futuro no se predice, se crea. Y por la creación del Nuevo Mundo desaparecerá el viejo. No es cuestión, por tanto, de ser adivino o jugar a las profecías, sino de comprender y discernir el funcionamiento de la Evolución y, dentro de ella, los patrones que la conciencia sigue en su expansión.

Por esto, no hay necesidad alguna de «luchar» contra lo viejo ni contra nada. Es más que suficiente con que cada cual genere desde su interior la nueva conciencia y, con coherencia, la plasme en su vida diaria.

En esto consiste el empoderamiento: basta con que las personas se den cuenta y ejerzan el enorme «poder» que poseen, que no se encuentra fuera de ellas, sino en su interior, en su evolución consciencial y en vivir su propia vida en coherencia con la nueva conciencia y aceptando con Amor lo que hagan o dejen de hacer los demás.

Siento, como tú, que el proceso ya se ha iniciado y su desenvolvimiento es evolutivamente irreversible.

¡Claro! Porque tú y yo ya estamos ejerciendo nuestro empoderamiento, y esto nos ofrece la perspectiva necesaria para entender lo que acontece.

La crisis del viejo mundo no menguará, sino que se agravará durante los lustros y decenios venideros al compás del surgimiento del Nuevo Mundo desde el interior de un número creciente de personas dotadas consciencialmente de «ojos nuevos para un mundo nuevo».

Y la manera de vivirlo y sentirlo ni es ni será uniforme. Cada cual lo experimentará en libre albedrío y en consonancia y resonancia con su propio proceso consciencial y evolutivo.

Entonces, la transición será «dura»...

Muchas corrientes y escuelas espirituales han esbozado sus características más sustantivas. Invito, por ejemplo, a leer el capítulo 24 del Evangelio de Mateo, que recoge las palabras de Cristo Jesús sobre la «gran tribulación» que será antesala de la «Segunda Venida» o Parusía, de la que ya nos ocupamos en un diálogo anterior y con la que se hará realidad una Nueva Humanidad en una Nueva Tierra.

Pero hay que situarse en el aquí y ahora. Y las personas que, en su dinámica evolutiva, comiencen a sentir y vivir el tránsito hacia la nueva «Conciencia de Unidad» han de saber y entender que el sistema y la sociedad en los que discurren actualmente sus vidas son todavía el resultado de la vieja «conciencia egocéntrica».

Ante ello, lejos de luchar contra lo viejo, han de instalarse interiormente, cada vez con mayor potencia y hondura, en la nueva conciencia. Y no desde la teoría, sino –insisto– desde la coherencia con esa nueva conciencia. Es decir, mediante su puesta en práctica en su cotidianeidad y sin dejarse influir por lo que hagan o dejen de hacer los demás, o por lo que pase o deje de pasar en un viejo mundo que –por el impacto en él del paulatino florecimiento del Nuevo Mundo– experimentará perturbaciones y enfrentamientos por momentos más alarmantes y agresivos, así como contradicciones cada vez más profundas e insalvables, que originarán finalmente su colapso.

En este escenario, el ego reaparecerá a veces para decirnos al oído que ya es hora de que las cosas «cambien» y que algo habrá que «hacer» para lograrlo. Lo observaremos con Amor y sonreiremos con sus prisas y ansias para que las cosas sean como «yo» quiero que sean y cuando «yo» deseo que sean. Todo será porque ya Es; todo acontecerá porque ya Acontece. Quizás al ego no le guste el invierno y prefiera la primavera. Pero nuestro «verdadero ser» sabe que el invierno ya contiene la primavera, pues es el preludio cíclico y evolutivo imprescindible para ella. Tal como tener en un momento diez años de edad es preciso para llegar a contar en otro momento con cuarenta; y el niño ya contiene en sí el adulto que será.

El viejo mundo –«conciencia egocéntrica»– siempre ha tenido en su seno la semilla –«Conciencia de Unidad»– del nuevo. Al principio, como mínimo embrión en el Corazón de un número reducido de personas. Y, poco a poco, fue tomando cuerpo y ampliándose. De hecho, todo lo que en el viejo mundo ha venido sucediendo y sucede en la actualidad tiene su porqué y su para qué en el contexto del crecimiento y expansión de dicha semilla. Ahora está a punto de germinar y dar su fruto. Y en la medida que lo haga y el Nuevo Mundo florezca y extienda sus hojas y ramas, el viejo mundo irá diluyéndose bajo su luz hasta llegar a desaparecer.

¿No podrías ofrecer algunos consejos para la transición?

No doy consejos. Pero sí comparto lo que de mi interior emana, por si resuena armónicamente en el Corazón de los demás. Y si no hay tal resonancia, no pasa nada. Y en este asunto, de Corazón a Corazón, comparto media docena de cosas con cada lector de esta conversación:

1.º ¡Vive en Libertad! Es momento de que dejes de exigir la mejora de las condiciones carcelarias para, en lugar de ello, salir de la cárcel. ¿No te das cuenta de que sus barrotes son virtuales, pura ficción mental? Los has generado tú mismo, desde tu ego y tu mente, con el olvido de tu «verdadero ser» y el aferramiento a una «naturaleza egocéntrica»; con tu búsqueda de bienestar y tu deseo de cuidado y contento; con tus miedos, cargas, culpas y lastres; con tus autolimitaciones mentales, enjuiciamientos, comodidades y controles, y con tu necesidad de reconocimiento, seguridad y protección. Apunta bien esto en tu interior: ¡llegó el momento de la Libertad! Y como se ha subrayado en las entrevistas precedentes, la Libertad no es lo que la Humanidad ha ideologizado desde la mente, sino la absoluta ausencia de miedos, que desde tu Corazón van a ser sustituidos por la completa Confianza en la Providencia y en la Vida y por la Sabiduría profunda de que todo fluye, refluye y concluye en el Amor que Eres y todo Es.

2.º Practica una Vida Sencilla. ¿Qué representa esto? Hay muchas formas de enunciarlo, pero ninguna tan directa y certera como la sintetizada por San Francisco de Asís al afirmar: «Necesito poco; y lo poco que necesito, lo necesito poco». ¿Te suena bien? Pues ponlo en práctica de una vez por todas en tu día a día. Y ten muy en cuenta que todo aquello que poseas te terminará poseyendo.

3.º Ten «Paciencia», que es la perfecta fusión de la Paz (interior) con la Ciencia (lucidez, perspicacia y conexión con la Sabiduría innata de nuestro «verdadero ser»).

4.º Practica la Aceptación. Acepta cálida y amorosamente lo que los demás, incluidos la gente cercana y tus seres queridos, puedan pensar o hacer, por muy distinto que sea con relación a lo que tú sientes y haces. Cada cual está en su momento evolutivo, en su punto del proceso consciencial, ninguno «peor» o «mejor» que el otro, ni «superior» o «inferior». Recuerda que el libre albedrío no es un error de la Creación, sino fruto del Amor que en ella bulle e impulsa la Evolución.

5.º Céntrate en ti mismo para que tu Movimiento en la vida diaria sea siempre el resplandor de la Quietud que caracteriza a tu «naturaleza esencial» y divinal. Y vinculado a esa Quietud y en el contexto del ciclón de magnitud creciente que asola al viejo mundo, no huyas de él, sino sitúate exactamente en el «ojo del huracán», que es donde su fuerza devastadora no impacta y se disfruta de vientos flojos y cielos despejados. Será así como el Amor que eres, su Frecuencia vibratoria, impregnará todas tus actitudes, reacciones y acciones ante los hechos y circunstancias de la vida cotidiana.

6.º No vuelvas la vista atrás y no reproduzcas más los paradigmas y hábitos que hiciste tuyos cuando participabas de la «conciencia egocéntrica». Que no te suceda como a Edith, la mujer de Lot: habiendo iniciado el camino desde el viejo mundo a la nueva vida, no pudo evitar darse la vuelta y mirar atrás, transformándose en estatua de sal, es decir, estancándose en su proceso consciencial y evolutivo.

¿Es por esto último por lo que –por ejemplo– no lees periódicos y has desconectado de la radio y la televisión?

Es solo una anécdota de lo que significa ser coherente en la vida diaria con la nueva conciencia que emana de nuestro interior. Pero, efectivamente, ni leo periódicos, ni escucho la radio (salvo Radio Clásica de Radio Nacional de España, que me acompaña a menudo), ni veo programas de televisión. Llevo años sin hacerlo. Concretamente, desde noviembre de 2010. Y no me he «perdido» nada. Al contrario: se ha afinado e incrementado mi capacidad de observación, captación y discernimiento acerca de lo que ocurre en mi vida y alrededor, en la sociedad, en el mundo y en el cosmos entero.

Nuestra energía interior –que es grande y potente– no debe malgastarse dirigiéndola a «luchar» contra lo que ya caducó y quedó obsoleto en nuestro Corazón, sino que hay que encauzarla para «crear» todo lo nuevo que en él late. De ahí la importancia de que pongamos fin tanto a nuestra adicción hacia los denominados medios de comunicación (televisión, radio, periódicos...) como a las discusiones y diatribas con las que nos rodean a propósito de lo que en el mundo exterior sucede (los conflictos, las crisis, las mil controversias de la «actualidad»...).

SEPARACIÓN DE LA MADRE TIERRA Y DIVISIÓN EN EL SENO DE LA HUMANIDAD

¿Cómo se manifiesta la «Conciencia de Unidad» de la que venimos hablando?

Sus manifestaciones son muchas. Destaco aquí la unión con la Madre Tierra, la percepción de la Humanidad como una gran y única red en la que todos los seres humanos se integran e interaccionan y, desde luego, el abandono de la visión de un Dios exterior, para conectar con nuestro «verdadero ser» y naturaleza divinal.

Sobre esto último ya nos hemos extendido en los diálogos precedentes. ¿Podrías decirnos algo sobre las dos primeras manifestaciones que acabas de citar?

Son temas de gran envergadura, que darían, de por sí, para entrevistas monográficas. Pero, ya que me preguntas, pongo en común una convicción que brota del Corazón.

¡Venga...!

Como sabemos, a lo largo de un proceso de siglos y milenios, la Humanidad se ha fragmentado hasta romperse en mil pedazos (fronteras, banderas, «credos», infinidad de hostigamientos y rivalidades...), provocando muerte y dolor por doquier y produciendo suficiente cantidad de odio y armas como para borrar de un plumazo de la faz del planeta toda presencia humana.

Desgraciadamente, es obvio que ha sido y es así.

En paralelo, la Humanidad ha perdido el conocimiento y el sentimiento de unión con la Madre Tierra, hasta el extremo de terminar dañando y deteriorando gravemente el hábitat ecológico y natural del que depende no la vida de la Tierra, que está muy por encima y fuera del alcance de la mano humana (si la Humanidad desapareciera, en solo veinticinco mil años no quedaría rastro alguno de su paso por el planeta, que acumula ya más de tres mil millones de años de existencia), sino la propia supervivencia del género humano como especie.

También es evidente...

Pues bien, estos dos fenómenos –la división y confrontación en el seno de la Humanidad y su separación de la Madre Tierra– no son independientes entre sí, sino que se hallan absolutamente interconectados.

Provenimos de un «paraíso» en el que alguna vez nos sentimos en una unidad simbiótica con la Naturaleza. Lo que llamamos «pecado original» no es más que haber desarrollado la conciencia individual fuera de esa simbiosis e introducirnos en la «experiencia dual» (lo recoge metafóricamente el Libro del Génesis [2, 17] a través de «El árbol de la ciencia del bien y del mal»). Pero apenas pudimos decir «tú» y «yo», Caín mató a Abel. Desde entonces, nuestra especie no ha hecho otra cosa que matarse mutuamente. Y esto se ha agravado muchísimo. Tanto como el daño ocasionado a nuestro hábitat ecológico y natural.

La Armonía, la Concordia y la Paz en el seno de la Humanidad solo llegarán cuando el género humano recupere su sentido de simbiosis con la Madre Tierra y la Naturaleza y contemple a todas las formas de vida que pueblan el planeta –visibles o invisibles; intraterrenas o extraterrenas; animadas o inanimadas; minerales, vegetales o animales; líquidas, sólidas o gaseosas...–, a todas sin excepción, como hermanas nuestras.

En tanto no haya hermandad entre la Humanidad y la Naturaleza, en su conjunto y en cada una de sus singularidades, no habrá hermandad dentro de la propia Humanidad.

Esto resuena en mi interior al hilo de tus palabras, aunque nunca lo había visto así.

Mientras el género humano mate animales por diversión, como deporte o porque nos «molestan» o nos dan «asco», los hombres y mujeres se matarán entre sí; mientras esclavice y torture a otras formas de vida (verbigracia, para usarlas como fuente de alimentación u objeto de experimentos científicos), los seres humanos se esclavizarán y torturarán entre ellos; mientras mire por encima del hombro y con desprecio a cualquiera de las modalidades de existencia que llenan el planeta –sea un bosque, un mar, o una montaña, un modesto matojo, un pez o un insecto–, las personas se despreciarán y dañarán entre sí.

La causa de la separación del género humano con relación a la Madre Tierra y de la división y la confrontación dentro de la propia Humanidad es exactamente la misma: la prevalencia de una «conciencia egocéntrica». Y la transición evolutiva hacia una «Conciencia de Unidad» tiene su piedra de toque en la simbiosis con la Tierra, la Naturaleza y la totalidad de las modalidades y formas de vida y existencia que convivimos en el planeta. Solo a partir de ahí, de esta simbiosis, habrá paz y armonía en el seno de la Humanidad.

La unión con la Madre Tierra choca frontalmente con el sentir tan extendido de que los seres humanos somos los «propietarios» de ella.

Sí, ¡ja, ja, ja...! ¡Es una memez tan grande que causa hilaridad!

El olvido de nuestro «verdadero ser» y la identificación con una «naturaleza egocéntrica» estimulan tremendamente el sentido de apropiación: el ego sueña con controlar, dominar y poseer todo. Y tiene su gracia que, manos a la obra, entre nuestras propiedades incluyamos incluso a la Madre Tierra, ¡ja, ja, ja...!

Sumidos en semejante demencia, los hombres y mujeres se refieren a la Tierra como «nuestro» planeta. Tamaña afirmación es solo consecuencia de la ignorancia. Porque la Madre Tierra no es el planeta de la Humanidad. Al contrario: ¡es la Humanidad la que pertenece a la Madre Tierra!

Y esta, al sistema solar, que es un único y gran ser vivo. De hecho, los planetas que lo conforman –como la Tierra– y todas las formas de vida que hay en todos y en cada uno de ellos –como la Humanidad en la Tierra– son «criaturas solares», pues realmente al Sol pertenecen y en su cuerpo –el sistema solar– se integran y desarrollan sus experiencias vitales.

Para comprender hasta qué punto la Humanidad es una modalidad de vida solar, baste con recordar que si, en escala, le damos el tamaño de un kilómetro al sistema solar –desde el «Astro Rey» hasta la Nube de Oort, que es hasta donde alcanza su fuerza de gravedad y atracción en el espacio–, la Tierra se localiza a solo dos centímetros del Sol. Y Neptuno

–el más alejado de los planetas exteriores o «gigantes gaseosos»–, a poco más de medio metro.

Siguiendo esa escala, ¿a cuánta distancia del Sol se halla la estrella vecina más cercana?

Se le ha dado el nombre de Próxima Centauri y, en la aludida escala, se encuentra a cuatro kilómetros del Sol. Y solo a tres de la Nube de Oort, que marca el límite externo del sistema solar, como nuestra epidermis delimita el contorno físico exterior del cuerpo humano al que envuelve.

¡Gracias! Perdona por la interrupción.

No hay problema.

Lo cierto es que la Humanidad y cada persona es a la Tierra lo que al cuerpo humano representa cada una de las células –cien billones, en total– que lo conforman. Ni más ni menos. Y lo mismo le ocurre a la Tierra con relación al sistema solar, y a este con la Vía Láctea, llamada Donga (significa «agua», es decir, oxígeno y, sobre todo, hidrógeno) por numerosas civilizaciones; y así podríamos seguir ascendiendo en lo «macro» o descendiendo en lo «micro». Da igual, porque en la Creación y en el cosmos vibra y resplandece esta máxima: «Todo es suma de partes y forma parte de una suma superior, aunque cada parte es, a su vez, el Todo». Así de extraordinario, así de simple. Y cada parte, siendo a su vez el Todo, interacciona en red, tanto horizontal como verticalmente, con todas las demás, que son, igualmente, ese mismo Todo.

El avance evolutivo en la «Conciencia de Unidad» irá permitiendo que la Humanidad sea consciente de todo ello.

Y esta toma de conciencia abrirá la puerta a una Nueva Humanidad, que habrá dado un salto evolutivo, dimensional y vibratorio en clave de Amor. La «Primavera Consciencial» que se acaba de inaugurar es el ciclo evolutivo que impulsa –tal como «la primavera la sangre altera»– la movilización interior y consciencial que lo hará factible.

LA NOCIÓN DE «CAMBIO» ES UNA FICCIÓN DE LA MENTE HUMANA

¡Será un cambio apoteósico!

El inicio y despliegue de la citada «Primavera Consciencial» es un hecho natural y no implica «cambio» alguno. Disculpa que me ponga pesado con esto, pero es que la noción de «cambio» es otra ficción de la mente humana.

En la Creación y el cosmos no existe el «cambio», pues nada se halla estático y la «inestabilidad» es la regla general: todo está en permanente mutación y transformación, en un incesante devenir y fluir. No hay «cambio», sino «Evolución». Constante, cíclica y muy rápida.

¿Por qué el ser humano no se da cuenta de esta Evolución y la rapidez a la que se desarrolla?

Los sentidos corpóreo-mentales de los seres humanos no la perciben de igual manera que no notan que pisan sobre un planeta que da vueltas sobre sí mismo y viaja por el universo a velocidades vertiginosas. De modo continuo y simultáneo, la Tierra rota sobre sí, a una velocidad media de 1.670 kilómetros/hora, y alrededor del Sol, a 106.000 kilómetros/hora. Y el sistema solar en su conjunto gira en torno al centro de la Vía Láctea, que se mueve dentro de un grupo local de galaxias –casi medio centenar–, que se desplaza, a su vez, por el espacio hacia un ente gravitatorio enorme que los científicos llaman actualmente «El Gran Atractor».

Pero, aunque los sentidos corpóreo-mentales no se percaten de la Evolución, esta sí incide en cada persona y en la Humanidad. La «Primavera Consciencial» representa, aquí y ahora, el impulso cíclico de la Evolución individual y colectiva a través de una «Metamorfosis» que es, igualmente, natural y de perfil «interior», no «exterior» ni fenomenológico (por más que –como se ha apuntado antes– también tenga impactos externos), que es lo que algunos demandaban del solsticio de invierno de 2012.

Cualquier percepción de cambio y su necesidad es una invención del ego y pura vanidad de nuestro pequeño «yo».

La Creación, lo Manifestado o dimensión superficial de Dios, es una Magna Naturaleza, tan Viva como Divina, que se despliega y complementa a sí misma de instante en instante por influjo de una Evolución natural cuyo soporte y motor es la Frecuencia de Amor, que todo lo llena y en todo subyace. Nada hay en ella –ni en lo «macro» ni en lo «micro», ni en lo global ni en las singularidades– que la mano o la mente humanas deban alterar, modificar o cambiar.

La Evolución es la esencia del Tao.

Nada se halla estancado o inamovible, sino que todo se encuentra en persistente Evolución. Lo recogen muy bien, por ejemplo, el principio hermético del ritmo o, efectivamente, la visión oriental volcada en el Tao.

La Evolución es el orden natural y se trata de un Orden de Amor: el *Ordo Amoris* de San Agustín al que ya se hizo referencia en conversaciones anteriores. El ser humano que siente esto experiencialmente –no mentalmente, por teorías o conceptos– puede hacer suyo y entender bien lo anunciado por Rumi en el siglo XIII: «La época del asceta acabó; el reinado del Amor ha llegado».

La idea o voluntad de cambio supone desconocer la naturaleza excelsa e inefable de cuanto Es y Acontece. Tan sublime que –como ya he reiterado– no se le puede otorgar el atributo de «perfección», pues supondría admitir que existe su opuesto, la «imperfección», y esta es un imposible en la Creación, en la dimensión superficial de Dios o Manifestación de lo Inmanifestado.

Todo Es y Acontece en Evolución, con sus procesos y ritmos naturales. Y todo lo que Es y Acontece, absolutamente todo, en lo grande y en lo pequeño, tiene su porqué y para qué y fluye, refluye y confluye en el Orden de Amor.

En tan colosal marco, es una descomunal necedad la pretensión del ego de «marcar el paso» para que las cosas se ajusten a lo que «yo» deseo, cuando «yo» deseo y de la manera que «yo» deseo. Nada se logra con ello, salvo hacer conscliencialmente fatigoso el devenir de una Evolución natural en la que basta con fluir.

¿Algún ejemplo?

Vuelvo al del invierno y la primavera, pues es muy ilustrativo.

En invierno, el frío y la humedad configuran la base evolutiva y natural para que, meses después, la primavera explote en todo su esplendor. Si a alguien no le gusta el invierno y prefiere la primavera, debe comprender no solo que el proceso no puede ser alterado por mucho empeño que se ponga en que la climatología «cambie» –que lo hará, pero cuando en el orden natural y evolutivo corresponda–, sino que, además, el invierno y cada uno de sus componentes (frío, lluvia, viento, nieve...) son parte constitutiva de la propia primavera, pues sin ellos esta no existiría.

¿Hay diferencias entre Evolución y «maktub»?

La palabra *maktub* procede del árabe y puede ser traducida como «todo está escrito». Contrariamente a lo que se suele pensar, no representa ni conlleva predeterminismo, pues en el contexto de la Evolución –que es impulsada por el Amor– opera igualmente el libre albedrío, que es fruto de ese mismo Amor.

Con la expresión *maktub* se llama a confiar en la Providencia y en la Vida, en los términos en los que nos referimos ya a ambas en la entrevista precedente. Pero el Orden Natural u *Ordo Amoris* incluye y contempla que, en el contexto del proceso consciencial de cada cual, no se tenga esa confianza y se ejerza el libre albedrío incluso desde el aferramiento a una «naturaleza egocéntrica».

Enunciado con un ejemplo un poco burdo: el orden natural marca el fluir de las estaciones del año, cada una con sus características climatológicas, pero permite que, en libre albedrío, salgas a la calle en bañador en pleno invierno y sin esperar al verano, lo que a su vez, en la cadena causa-efecto, te llevará a la cama con un buen constipado o una pulmonía.

EVOLUCIÓN NATURAL Y FLUIR DESDE LA ACEPTACIÓN

Parece que vuelves a referirte a la Aceptación.

Al fluir desde la Aceptación, la Evolución se facilita y discurre de manera armónica; «cuesta abajo», metafóricamente expresado. Por el contrario, el propósito de cambio distorsiona el devenir evolutivo y pone «cuesta arriba» (la pulmonía del ejemplo) el proceso evolutivo.

La Aceptación es la clave. Los rosales no dan rosas en invierno. Y de nada sirve ponerse a su lado clamando para que las rosas nazcan y crezcan. Esto sucederá, sí, pero cuando el proceso natural lo haga posible, no la voluntad egoica de alguien.

¿Asumir e interiorizar la Aceptación es una de las razones de ser de la experiencia humana?

El ser humano –la dimensión espiritual en él encarnada– está aquí y ahora, en esta dimensión y en este plano de existencia y conciencia, donde inicialmente el viento parece soplar a favor de la «experiencia dual» y la búsqueda del bienestar fuera de nosotros mismos, para desarrollar vivencias que permitan:

- Experimentar la Aceptación, dejando atrás esa «experiencia dual», en la que todo se juzga y etiqueta.
- Hallar dentro de uno mismo la Felicidad y el «Bien-Ser» como estado natural, en lugar de seguir enfrascado en esa búsqueda del «bien-estar» en el exterior.

¿Y eso puede ser verificado –por decirlo de alguna manera– en cada persona?

En cada uno –la vida de cada cual– y en el género humano en su conjunto. Una Nueva Humanidad vivirá en una

Nueva Tierra. Sin duda. Pero será el resultado de la Evolución consciencial, no de ningún cambio.

Y todo lo que sucede en el aquí y ahora –por doloroso o absurdo que nos parezca– tiene su porqué y su para qué en el contexto de esa dinámica evolutiva y consciencial.

Igualmente, todo lo que ocurre en «mi» vida, en la de «los demás» y en «el mundo» encaja perfecta y absolutamente en la Evolución «mía», de los «demás» y del «mundo».

¿Hay que hacer algo al respecto?

La «No-Acción» es la forma superior de acción. Y el origen del sufrimiento humano radica en la «decisión de ser» alguien o algo («yo», personalidad, ego...) y en la idea de identidad que ello implica.

Frente a esto, cuando en lugar de «decidir ser», simplemente «no decido», incluso «no decido ser», se cesa de ser «yo» y se abandona la idea de cambiarse a uno mismo, o a los otros o al mundo para ajustarlos a mi pensamiento de cómo deberían ser. Al cesar de ser «yo», se acepta e interioriza la realidad tal como es, fuera ya de la «experiencia dual». Y se vivencia una Libertad y un Gozo antes inimaginables.

La experiencia, al trascender la identidad, se transforma en holística y cuántica. Se percibe el Amor que Somos y todo Es y la Felicidad como estado natural.

Cesar de ser «yo», no «decidir», incluso «no decidir ser»... ¿Es esto la Iluminación?

Lo Real es que no hay nada que cambiar.

Mucha gente quiere que cambien las cosas (su vida, la de los demás, el mundo en general...) y lo intentan actuando sobre el mundo exterior («deseo de cambio exterior»). También hay quienes quieren el cambio, aunque han entendido que es una ventana que se abre desde el interior («deseo de cambio interior», que es la llave, a su vez, del «cambio exterior»).

Pero lo cierto es que no hay nada que cambiar, ni desde fuera ni desde dentro de uno mismo: todo Es y Acontece y se halla en constante Evolución y en el punto exacto que corresponde y es coherente con el proceso consciencial de cada componente de la Creación, también de la Humanidad y de cada persona. Se acabaron las preguntas y las respuestas, las búsquedas y los caminos.

Se percibe, entonces, que la Iluminación consiste precisamente en percatarse de la innecesariedad de la Iluminación. Y nos «destensamos», «descondensamos», «vaciamos» y diluimos en la no-identidad. «Cesó todo» y el No-Ser todo lo inunda y todo Es.

El «cesó todo» conlleva el «dejeme»: el antes «hacedor-emisor» se disuelve en la no-identidad y fluye en la dinámica «fluir-recibir-fluir». El Misterio de la Vida se desvela de par en par: «vivir viviendo», vivir fluyendo para recibir (¡sin miedos!) de la Creación, que es una Naturaleza Viva y Divina de Abundancia Infinita donde la Gracia y la Riqueza se distribuyen entre todos los componentes que la configuran y en ella se integran y fusionan.

Y no lo hace según la «capacidad», pues no hay niveles conscienciales mejores o peores, sino que la Abundancia de la Creación se distribuye según la «necesidad» derivada del momento concreto del proceso evolutivo que cada componente de ella esté experimentando.

Lo de distribuir según las «capacidades» o las «necesidades» me recuerda a algo...

La Humanidad actual –desde el olvido de nuestro «verdadero ser» y «naturaleza esencial» y divinal– actúa atada a una «naturaleza egocéntrica» que concibe la vida desde la escasez (de recursos, de bienes, de energía, de amor...) y distribuye lo escaso según las «capacidades», que es la ley del más «fuerte». El modelo de sociedad y el sistema económico imperantes se han construido y funcionan sobre estos cimientos puramente egocéntricos.

Sin embargo, la Creación –también, dentro de ella, la Madre Tierra– es Abundancia Infinita y desconoce la escasez. Y esa Abundancia se reparte según las «necesidades», asociadas a los procesos conscienciales y evolutivos que se dan en su seno.

Esto ha sido percibido por muchos hombres y mujeres a lo largo de la historia de la Humanidad, que han vivido en consonancia con esa visión no egocéntrica o han propuesto modelos sociales y económicos válidos para superar el hoy vigente.

Entre los primeros, fue el caso, por ejemplo, de los colectivos cristianos primitivos. Así se describe en los Hechos de los Apóstoles (4, 32-35) el modo de vida de la comunidad: «No tenía sino un solo corazón y una sola alma. Nadie llamaba suyos a sus bienes, sino que todo era en común entre ellos [...]. No había ningún necesitado, porque todos los que poseían campos o casas los vendían, traían el importe de la venta y lo ponían a los pies de los apóstoles, y se repartía a cada cual según sus necesidades».

En cuanto a la formulación de modelos socioeconómicos fundamentados en ese reparto según las necesidades, destaca la propuesta comunista, espléndidamente sintetizada por Karl Marx en su *Crítica del Programa de Gotha* (I, 3): «En la fase superior de la sociedad comunista [...] solo entonces la sociedad podrá escribir en su bandera: ¡de cada cual según su capacidad a cada cual según sus necesidades!».

¡Qué bárbaro! No me había percatado de esta similitud. Ambos textos conducen a lo mismo y lo expresan literalmente de idéntica forma: «A cada cual según necesidades». ¿Era cristiano Marx sin saberlo...?

...O comunistas, los primeros cristianos.

¡Si, claro!, ¡ja, ja, ja...!

Las dualidades y dicotomías son falacias del ego. Nuestro «verdadero ser» no divide, ni separa, ni juzga, ni clasifica en compartimentos estancos: comunistas versus cristianos, cristianos versus mahometanos, árabes versus occidentales, occidentales versus orientales... ¡Cuánto ego en acción!

Nuestro «verdadero ser», desde su naturaleza divinal, discierne la Unidad y Unicidad de cuanto Es y contempla de manera cuántica y holística la Vida y su desenvolvimiento, de instante en instante.

Por poner otro botón de muestra, fíjate en Friedrich Nietzsche, autor de obras como *El Anticristo* y etiquetado cual ateo contumaz e irreverente. Sin embargo, como se constató en la entrevista anterior, el capítulo «De las tres transformaciones», con el que inicia los discursos de *Así habló Zaratustra*, rebosa espiritualidad y hasta plantea, con el «camello» y el «león» transformados en «niño», algo muy semejante al «nacer de nuevo» propugnado en los mensajes de Cristo Jesús.

ASÍ HABLÓ ZARATUSTRA

El hombre es una cuerda tendida entre el animal y el superhombre, una cuerda sobre un abismo.

Un peligroso pasar al otro lado, un peligroso caminar, un peligroso mirar atrás, un peligroso estremecerse y pararse. La grandeza del hombre está en ser un puente y no una meta: lo que en el hombre se puede amar es que es un tránsito y un ocaso.

Yo amo a quienes no saben vivir de otro modo que hundiéndose en su ocaso, pues ellos son los que pasan al otro lado [...].

Yo amo a quienes, para hundirse en su ocaso, no buscan una razón detrás de las estrellas [el Dios exterior que buscaba Gagarin en el espacio exterior], sino que se sacrifican a la Tierra para que esta llegue alguna vez a ser del superhombre [...].

Yo amo a quien no reserva para sí ni una gota de espíritu, sino que quiere ser íntegramente el espíritu de su virtud: avanza así en forma de espíritu sobre el puente [...].

Yo amo a aquel cuya alma se prodiga, y no quiere reclbir agradecimiento ni devuelve nada: pues él regala siempre y no quiere conservarse a sí mismo [...].

Yo amo a quien justifica a los hombres del futuro y redime a los del pasado: pues quiere perecer a causa de los hombres del presente [...].

Yo amo a aquel cuya alma es profunda, incluso cuando se la hiere, y que puede perecer a causa de una pequeña vivencia: pasa así de buen grado por el puente.

Yo amo a aquel cuya alma está tan llena que se olvida de sí mismo y todas las cosas están dentro de él: todas las cosas se transforman así en su ocaso.

Yo amo a quien es de espíritu libre y de corazón libre: su cabeza no es así más que las entrañas de su corazón, pero su corazón lo empuja al ocaso.

Yo amo a todos aquellos que son como gotas pesadas que caen una a una de la oscura nube suspendida sobre el hombre: ellos anuncian que el rayo viene y perecen como anunciadores.

Mirad, yo soy un anunciador del rayo y una pesada gota que cae de la nube: mas ese rayo se llama superhombre.

ENDIOSAMIENTO

Tienes toda la razón. Permíteme que, llegados a este punto de nuestro diálogo, vuelva a su inicio: a mi amiga y a su pregunta sobre aquello de «reinventarse». ¿Sabes lo que le contesté? Le dije: «No, reinventarse no, ¡endiosarse!».

Pues ya que acabo de citar a Nietzsche, sigo con él y su *Así habló Zaratustra*, en cuyo prólogo se plantea con rotundidad el papel del ser humano como una especie de puente entre el animal y lo que el filósofo alemán llama «superhombre».

Esta es la vocación evolutiva del ser humano.

El devenir de la evolución humana es una transición, una transfiguración. A su fruto, Nietzsche lo llama «superhombre». Y San Juan de la Cruz, «transformarse en Dios» («amada en el Amado transformada»).

Pero las denominaciones poco importan cuando estamos ante algo tan inefable como el «endiosamiento», que es lo que subyace en las palabras de Nietzsche, de San Juan de la Cruz, de tantos filósofos –¡qué más da que se los tilde o no de ateos!– y de tantos místicos –¡qué más da la religión en la que vivenciaron su misticismo!– de todas las épocas y culturas.

¡Es algo esplendoroso!

Desde el origen de lo que la Humanidad llama Tierra, incluso desde antes de su nacimiento en el seno del sistema solar, la Evolución que impulsa la Manifestación de lo Inmanifestado ha estado presente, como lo está ahora, en el desenvolvimiento del proceso consciencial del planeta como tal y de todas las formas de vida que en él fueron apareciendo y hoy moran en su seno, desde el reino mineral hasta el ser humano.

El proceso iniciado en lejanísimas edades sigue su curso inmutable. Y tiene actualmente ante sí uno de sus estadios más emotivos y culminantes: el momento en el que los miembros de una especie evolucionada desde el reino animal, la Humanidad, tras experimentar y apurar hasta el límite la individualidad, el aferramiento al «yo» y una «naturaleza egocéntrica» y la separación de la Unidad y la Divinidad, llegan a percibir plenamente la totalidad de sus poderes y facultades –empoderamiento–, comprueban y constatan que ellos derivan de su «verdadero ser» y «naturaleza esencial» y divinal y estallan cual estrellas en el endiosamiento, tomando conciencia en libre albedrío de que Dios es yo y yo soy Dios cuando ceso de ser «yo».

Con lo que, además, la Humanidad se incorporará por derecho propio a las numerosas modalidades de existencia de la Vía Láctea y el Cosmos que, siendo conscientes de la enorme diversidad de dimensiones, planos, mundos y civilizaciones, lo son también de la Unicidad que los aúna y de los profundos vínculos de cooperación y hermandad –«ley de vinculación fraternal»– que hay entre todas las formas de vida y entre todas las manifestaciones de la Vida, que es Una, y la Conciencia, que es Una, que conviven en lo Manifestado.

Por tanto, di en la diana con lo que le dije a mi amiga...

Así es: no es cuestión de reinventarse, sino, sencillamente, de endiosarse.

Esto es, ser los que genuinamente Somos, siempre hemos sido y nunca dejaremos de ser: Dios.

Capítulo 6

FÍSICA DE LA DEIDAD

ESPIRITUALIDAD Y CIENCIA

Arrancamos, Emilio, la sexta y última entrevista de esta serie. Toca, para terminar, la «física de la Deidad». ¿Qué trata o aborda?

La «física de la Deidad» se centra en el discernimiento de Dios y su Naturaleza –que es la nuestra–, con todo lo que conlleva: lo Inmanifestado o dimensión «subyacente» de la divinidad, lo Manifestado o dimensión «superficial», el Amor, el Espíritu, el Espíritu Santo, la Creación, la Vida y la Conciencia, el Verbo, el Alma, las dimensiones, el cuerpo, la encarnación, etcétera.

Y lo hace compaginando la introspección interior con las aportaciones científicas más de vanguardia, sobre todo de la física y la astrofísica, desde la sabiduría profunda de que, más allá de los dualismos ficticios derivados de la «experiencia dual», no hay división entre ciencia y espiritualidad.

Ambas son realmente como la letra y la música de una misma y hermosa canción que armónicamente nos revela que nada está vedado o escondido: que basta con mirar para poder «ver». De hecho, cada vez son más numerosos los exponentes de esta íntima conexión entre espiritualidad y ciencia.

He leído en algún sitio que eres el «padre» de la «física de la Deidad».

¡Ja, ja, ja...! ¡Qué va!

A sus «padres» y «madres» –pues seguro que fueron bastantes y tanto hombres como mujeres– habría que buscarlos entre nuestros ancestros. Probablemente entre aquellos que nos legaron escritos y tradiciones orales recopilados, muchos siglos después, en textos como los védicos o en obras más recientes como *El Kybalión*, que data del siglo XIX y considero el tratado de «física de la Deidad» más elaborado entre los disponibles y accesibles en la actualidad.

Pues vamos a entrar de lleno en materia. Pero antes –siendo esta la última de las entrevistas que venimos desarrollando y, por tanto, el capítulo final del libro que se configure con ellas– me gustaría, pensando en los lectores, que hiciéramos una recapitulación del hilo argumental que nos ha traído hasta aquí a lo largo de nuestras conversaciones.

Por mi parte no hay inconveniente, aunque, por lo mucho que hemos compartido, será forzosamente una recapitulación algo extensa.

RECAPITULACIÓN

No creo que eso sea un inconveniente. Todo lo contrario...

Bien. Para ello, parto de la base de la recapitulación que hicimos al comienzo de la cuarta entrevista, la dedicada a la «innecesariedad de hacer»:

1.º La idea de Dios que aún comparte la mayoría de la Humanidad es la de algo o alguien «exterior» a nosotros.

2.º Esto nos sumerge en el olvido de nuestro «verdadero ser» y «naturaleza esencial», que son absolutamente divinales.

3.º Y tal olvido –la ignorancia de lo que auténticamente somos– impide, a su vez, que sintamos la Felicidad, que es nuestro estado natural.

4.º La consecuencia inmediata e irremediable de los tres puntos anteriores es la identificación con lo que no somos: el cuerpo físico, los sentidos corpóreo-mentales, los pensamientos y emociones, la personalidad... Es decir, con lo que realmente es solo el «instrumento» o «vehículo» que utilizamos para experimentar en el plano humano. De este modo, perdemos la conciencia de que se trata exclusivamente de un «vehículo», nos aferramos a él desde la absurda creencia de que él es lo que somos y terminamos atados a un falso «yo» y a una «naturaleza egocéntrica» (como si un actor quedara abducido por el personaje de ficción que interpreta, olvidando quién es realmente).

5.º La parábola del «hijo pródigo» sintetiza metafóricamente la identificación con lo que no somos tanto a través de la figura del «hijo pródigo» o hermano menor –que ejemplifica la «tragedia del incrédulo» (ateo, agnóstico, escéptico) que se separa intelectualmente del Padre– como del «hermano mayor» –que representa la «tragedia del creyente», que cree vivir junto al Padre, pero realmente no lo conoce y lo ha convertido en un ídolo distante y lejano–. A lo que se suma la «tragedia de las religiones»: queriendo acercar el ser humano a Dios, han terminado por levantar un muro entre Dios y el ser humano. Y la parábola llama a la identificación con el Padre/Madre, percatándonos de que «Yo y el Padre somos Uno», pues es nuestro «verdadero ser».

6.º A ello se dirige la «nueva» espiritualidad que emerge hoy en la conciencia humana. Es la espiritualidad de los místicos de todas las épocas y culturas, aunque con dos importantes diferencias: no necesita vivenciarse dentro de ningún «credo» o religión, y ya no es algo aislado y minoritario, sino que se expande cada vez entre más gente y de una punta a otra del planeta.

7.º No obstante, la mayoría de los seres humanos siguen aún aferrados a la visión de un Dios exterior y, por ende, a una «naturaleza egocéntrica». Y desde esta, se lanzan hacia fuera de ellos mismos en busca del «bien-estar», pobre sucedáneo de la Felicidad («Bien-Ser»), que es nuestro estado natural. Una búsqueda en la que se usa como herramienta la experiencia dual, basada en la no aceptación y en juzgar y etiquetar dicotómicamente («positivo» y «negativo», «bueno» y «malo», «agradable» y «desagradable»...) todo lo que ocurre en nuestra vida y a nuestro alrededor. Pero las experiencias carecen de «color». Simplemente, son experiencias, todas con su porqué y para qué en el proceso consciencial y evolutivo de cada cual. Y cada experiencia –la que sea– tiene su peculiar vibración. Las apariencias de las experiencias, es decir, lo que perciben de ellas nuestros sentidos corpóreos y mentales, no son reales. Lo real en las experiencias es su vibración, que se puede escuchar desde el Corazón, como si se tratara de una melodía musical. Y desde el Corazón –desde nuestro «verdadero ser»– podemos armonizar la vibración de cada experiencia –la que sea– para que resuene en la Frecuencia del Amor.

8.º Por tanto, la búsqueda del bienestar en el «exterior» es la derivación lógica de la idea de un Dios «exterior». Y ambas –esa idea y esa búsqueda– son origen y causa del sufrimiento humano. No en balde, el objetivo de la búsqueda es la satisfacción de nuestros deseos. Pero cuando esto no se consigue, se siente dolor («mal-estar»), lo que produce sufrimiento. Y cuando sí se logra, se trata de una satisfacción momentánea y pasajera («bien-estar») que nos aferra todavía más al olvido de lo que Somos y es preámbulo de más sufrimiento. Así, el sufrimiento es la consecuencia inexorable de la búsqueda del bienestar. La imagen de la diosa Iustitia, su significado alegórico, lo simboliza con gran precisión.

9.º Pero ¿cómo evitar el sufrimiento? Tirando del hilo de la madeja, hay que volver al principio de esta cadena de causas y efectos: la idea de un Dios exterior. Por lo que la clave para evitar y superar el sufrimiento radica en la toma de conciencia de que no hay desunión posible entre Dios y yo: Dios es yo y yo soy Dios cuando ceso de ser «yo», es decir, cuando dejo de aferrarme a cualquier noción de identidad, sea física, álmica o espiritual, sea individual o colectiva. Es así –expresado metafóricamente– como la diosa Iustitia se transfigura en la Estatua de la Libertad.

10.º La toma de conciencia de nuestra divinidad supone una especie de retorno al Hogar, a lo que siempre hemos sido, aunque lo hayamos olvidado, percibiendo la Naturaleza de Dios, que es la nuestra, y sus dos dimensiones (la «subyacente» o Inmanifestada y la «superficial» o Manifestada) que conviven en la Unicidad y Unidad de Dios. Y esto no es algo teórico o «teológico», sino una experiencia práctica que se materializa en la vida diaria: desalojo interior y vaciamiento, Vida Sencilla, práctica del aquí y ahora, Libertad y superación de miedos y autolimitaciones mentales, espacios de Silencio, conexión con la Quietud que atesoramos en nuestro interior para que nuestro Movimiento en el día a día sea resplandor de esa Quietud, etcétera. Así hasta permitir que el Amor que Somos se libere de las capas conscienciales que tapaban su Presencia e interferían en su Frecuencia, posibilitando que esta –la Frecuencia de Amor– impregne e impulse las actitudes, acciones y reacciones con las que, de instante en instante, afrontamos los hechos cotidianos.

11.º Sin embargo, en lugar de percibir su «verdadero ser» y «naturaleza esencial» y divinal e intentando escapar del sufrimiento que experimenta, el ser humano se inventa mentalmente dos necesidades imperiosas: la «necesidad de hacer» muchas cosas –cuantas más mejor– y «realizarse» en ellas y la «necesidad de cambio», sea de uno mismo, de aquellos con los que convivimos o del mundo en general. Pero ambas necesidades son, simplemente, una huida hacia delante. Y generan, a la postre, el mismo sufrimiento que se quería evitar o superar.

12.º Lo Real es que no hay necesidad, compromiso o deber alguno de hacer nada. Y darse cuenta de la «innecesariedad de hacer» lleva a comprender que el «quid» de la cuestión no está en «qué» hago, sino en «cómo» acometo lo que sea que haga. La «naturaleza egocéntrica» llama a poner el acento en el «qué» (qué hago o dejo de hacer, qué «debo», qué «tengo que»...). Y nuestra «naturaleza esencial» deja el «qué» en manos de la Providencia –nuestro «verdadero ser» en acción– y la Vida –responsabilidad al cien por cien de cada uno– y se centra en el «cómo» para llenar de Amor e impregnar con su vibración, con la Frecuencia de Amor, todos los hechos y circunstancias –experiencias, en definitiva– que la Vida (no la programación mental) va poniéndonos por delante de instante en instante en el «vivir viviendo». Y da igual el color que la mente –desde la «experiencia dual»– quiera otorgar a la experiencia –«alegre» o «triste», «placentera» o «dolorosa»...–. Solo importa situar en la vibración del Amor cada experiencia que la Vida traiga a nosotros.

13.º Centrado en el «cómo» y en la Frecuencia del Amor, ejercito mis dones y talentos –cada cual cuenta con los suyos–, que se manifestarán en el día a día naturalmente, sin esfuerzo y con entusiasmo («Dios en mí»). No en balde, los dones y talentos son plasmación y expresión directa en «mí» de la Presencia de Dios, que es yo. Lo que no quita para que atendamos, igualmente, los otros quehaceres que vengan de la mano de la Providencia y la Vida. Sin juzgar las experiencias ni etiquetarlas dualmente, las impregnaremos todas con la Frecuencia de

Amor que subyace en nuestro interior. Y lo haremos sin esperar ni desear nada, sin pretender levantar en los demás ni admiración ni reconocimiento o valoración positiva. Y sin perseguir «ayudar» a nadie, pues la comprensión de la «innecesariedad de hacer» habrá hecho ver la enorme carga de vanidad que supone querer incidir o interferir en el desenvolvimiento de algo donde todo tiene su porqué y para qué y todo fluye, refluye y confluye en el Amor de cuanto Es y Acontece.

14.º Y lo Real es que en la Creación nada se halla estancado o inamovible: todo se encuentra en veloz y constante Evolución, que constituye el Orden Natural o Tao. La idea de cambio supone desconocer esa Evolución inmanente, con sus procesos y ritmos naturales, y pretender neciamente «marcar el paso» desde el ego para que las cosas se ajusten a lo que «yo» deseo, cuando «yo» deseo y de la manera que «yo» deseo. Nada se logra con ello, salvo provocar que la Evolución marche «cuesta arriba». Desde la aceptación, la Evolución discurre armónicamente; por el contrario, el propósito de cambio distorsiona el proceso evolutivo y hace fatigoso y sufrido lo que en sí es puro fluir.

15.º En el contexto, precisamente, de la Evolución, la Humanidad ha entrado en un nuevo ciclo evolutivo que conlleva e implica la transición desde la «conciencia egocéntrica» –que hasta ahora ha prevalecido– hasta una «Conciencia de Unidad». La «conciencia egocéntrica», ligada al aferramiento, al «yo» y a una «naturaleza egocéntrica», supuso, en su momento, un éxito de la Evolución y ha sido muy valiosa en el proceso consciencial del género humano. Pero en el devenir de este, se ha terminado por convertir en un obstáculo, hasta el punto de poner en peligro la propia supervivencia de la Humanidad como especie. Para salir de esta limitación, el ser humano se dirige de forma natural a una nueva fase del proceso evolutivo definida por la «Conciencia de Unidad».

16.º Esta «Conciencia de Unidad» tiene numerosas manifestaciones, de las que sobresalen tres: la unión con la Madre Tierra, la percepción de la Humanidad como una gran y única red en la que todos los seres humanos se integran e interaccionan y el abandono de la visión de un Dios «exterior» para conectar con nuestro «verdadero ser» y «naturaleza esencial» y divinal.

Muchas gracias por tan completa y sintética recapitulación.

Tras ella, tomo plena conciencia de la entidad y cuantía de los asuntos que hemos abordado a lo largo de nuestros diálogos.

Y eso que, como es lógico, al hacer la recapitulación has dejado fuera muchos temas y cuestiones que hemos tratado.

Sí, claro...

VACÍO: «NADA» Y «ALGO»

Tras la recapitulación, volvemos a la «física de la Deidad». ¿Recuerdas la primera vez que la citaste en el transcurso de estas entrevistas?

Sí. Fue en la segunda de ellas, al debatir sobre la Naturaleza de Dios, que es la nuestra.

Concretamente, en la contestación que diste a mi pregunta acerca de cómo es posible que del Vacío emanen las formas, que lo Manifestado surja de lo Inmanifestado, el Ser del No-Ser, el Todo de la Nada. ¡Llegó el momento de detenerse en ello!

Comenzaré por resaltar que, cuando se trata de indagar acerca de Dios, ha sido frecuente en la historia de la Humanidad –particularmente en la filosofía occidental de los últimos siglos– que aparezca inmediatamente el interrogante que estremeció a Leibniz, Unamuno o Heidegger: ¿por qué hay «algo» y no más bien «nada»?

Se abre así una disyuntiva que, como las nuevas tecnologías, es de base binaria (0/1): hubo un estadio o periodo previo en el que «nada» había ni existía (opción 0), o desde siempre y por siempre ha existido «algo» (opción 1).

Y esto desemboca, a su vez, en una pregunta crucial: ¿cuál de ambas opciones –0 o 1– es la cierta, ya que una, forzosamente, tiene que serlo y las dos a la vez no lo pueden ser? Y en torno a ella y sus posibles respuestas andan los «creyentes y los «no creyentes» a la greña.

Y tú, ¿qué crees?

Esa pregunta, así planteada, es falsa.

¿Falsa?

Sí, falsa. Y lo afirmo a la luz de las aportaciones de la ciencia contemporánea, que ofrece una visión de la realidad en la que las dos opciones –0 y 1– son ciertas y no hay que elegir u optar entre ellas, pues forman parte de una misma cosa.

Expresado de otro modo, «nada» (0) y «algo» (1) no son distintos, sino que forman parte de una idéntica realidad que se sostiene ¡en el «vacío»!

¿Qué es el vacío?

El *Diccionario de la Lengua Española* lo define como «falto de contenido físico o mental». Y, en términos científicos, es la nada o la ausencia de todo: de elementos materiales, líquidos, gaseosos o de cualquier otra especie y en cualquiera de sus modalidades, incluso las más infinitesimales.

Pero lo más trascendente no es su conceptualización teórica, sino que la ciencia actual ha comprobado empíricamente que el vacío «existe», es decir, que el vacío –siendo «nada» (0)– también es «algo» (1).

Y esta existencia del vacío va ligada a un hecho crucial: ¡el vacío vibra! O –si me permites la licencia– ¡el vacío vive!

¿El vacío –siendo «nada»– es «algo» y, además, «vibra» (vive)?

Para entenderlo mejor se puede acudir al breve, intenso y ameno artículo «El vacío y la nada», escrito por Álvaro de Rújula –uno de los físicos teóricos más importantes a escala mundial y miembro del equipo del Centro Europeo de Investigaciones Nucleares (CERN)– y cuyo contenido está disponible en Internet.

El texto arranca de forma tan sugerente como desconcertante: «Saquemos los muebles de la habitación, apaguemos las luces y vayámonos. Sellemos el recinto, enfriemos las paredes al cero absoluto y extraigamos hasta la última molécula de aire, de modo que dentro no quede nada. ¿Nada? No: estrictamente hablando, lo que hemos preparado es un volumen lleno de vacío. Y digo «lleno» con propiedad. Quizás el segundo más sorprendente descubrimiento de la física es que el vacío no es la nada, sino una sustancia. Aunque no como las otras [...]».

Álvaro de Rújula nos recuerda –a continuación– que Albert Einstein fue el primer científico en acercarse a esta percepción del vacío, al añadir a sus ecuaciones la llamada «constante cosmológica». La interpretación moderna es que se trata de la «densidad de energía del vacío».

Más recientemente, observaciones astrofísicas han mostrado que el universo se halla en expansión acelerada y que las galaxias se comportan como cohetes a los que algo empujara. Ciertamente, las galaxias están estabilizadas por su propia gravedad y tienen un tamaño fijo, pero el espacio (o el vacío) entre ellas se estira. ¿Quién o qué provoca tal estiramiento, impulsa a las galaxias e infla el cosmos? El vacío, la densidad de energía del vacío.

Por lo mismo, el vacío no es «nada», sino «algo»: una excepcional y sorprendente «sustancia activa» (en el lenguaje de los físicos se la ha calificado como un «campo que permea el vacío»), capaz de ejercer una repulsión gravitacional, incluso sobre sí misma.

¡Espectacular! Parece ciencia ficción...

El vacío desconcierta a nuestra mente, pues esta computa lo que «es», pero no es capaz de procesar, pensar o imaginar lo que «no es».

El vacío, para colmo, no se limita a «no-ser», sino que, además, siendo «nada», también «es», es «algo».

De hecho, que el vacío sea «algo» permite dar contestación a dos candentes cuestiones planteadas y examinadas por la física actual: una, en el extremo de lo más grande, el cosmos y su expansión, y otra, en el de lo más diminuto, las partículas elementales y su comportamiento.

Y el vacío, «no-ser», para evidenciar que también «es», vibra, con lo que muestra su «vida».

Debe tratarse de una vibración muy peculiar.

Cuando el vacío se va llenando de partículas, estas vibran en él. Pero al indicar que el vacío vibra se hace mención no a la vibración en el vacío, sino a la vibración del propio vacío como tal: cuando el vacío es realmente vacío, cuando está absolutamente «limpio» de cualquier elemento o componente, él mismo, en sí, vibra. Y esta vibración es señal de su vida, de su existencia, de su presencia. El «bosón de Higgs» es una vibración del vacío, no en el vacío.

El célebre bosón bautizado por algunos como «partícula de Dios».

Una de las predicciones más famosas del llamado «modelo estándar de la física de partículas», teoría cuántica de campos desarrollada a partir de 1970, es la existencia de un bosón encargado de proveer a las demás partículas elementales de la propiedad que llamamos «masa».

En este orden, hay que entender por «masa» no tanto el peso –que no es la manera más correcta de definirla–, sino la medida de la oposición de un cuerpo a cambiar su movimiento cuando se le aplica una fuerza (por ejemplo, cuanto mayor es su masa, más cuesta empujarlo). A esto se le llama inercia. Y la masa es la medida de la inercia de un cuerpo.

Cuando hablamos del «bosón de Higgs», nos referimos a este concepto de masa. Y este bosón genera un campo que afecta a todo el espacio –se le conoce como «campo de Higgs»–, de modo que las partículas fundamentales que se acoplan con él adquieren masa.

Esta propuesta fue hecha de forma teórica en 1964 por un grupo de físicos, entre ellos Peter Higgs, a quien el bosón debe su nombre, aunque advirtieron que para poder ser efectivamente observado se requería usar energías muy altas. Y fue preciso el paso de varias décadas antes de disponer de la energía precisa para detectarlo. Se tuvieron que construir colisionadores de partículas de última generación, como el Tevatron del FermiLab, en los Estados Unidos, y –más recientemente– el Gran Colisionador de Hadrones del CERN, en Europa.

Por fin, entre el 3 y el 4 de julio de 2012, científicos del FermiLab y el CERN hicieron el anuncio del hallazgo de una nueva partícula cuyas propiedades corresponden a las predichas para el «bosón de Higgs».

Y esto, ¿cómo engarza con Dios?

Atendiendo a lo aportado por la física y la astrofísica de vanguardia, la dualidad «nada» versus «algo» –como otras tantas dualidades y dicotomías– ha quedado rota y superada: la «nada» es «algo», el «algo» se sostiene en la «nada», el vacío es el marco en el que todo ello acontece y el «algo», que es vibración, se despliega como tal.

Curiosamente, esta nueva visión del vacío y de la realidad está muy asentada en antiquísimas culturas espirituales y místicas –sobre todo, orientales– que, a propósito de Dios (o como cada cual prefiera denominarlo), lo perciben y describen como lo Inmanifestado (Vacío, Nada, No-Ser) y su Manifestación (Plenitud, Todo, Ser).

Y tal como la vibración del vacío («nada») está en el origen de la existencia de «algo», la vibración de lo Inmanifestado es lo que hace factible que surja lo Manifestado.

Esto contesta tu pregunta acerca de cómo es posible que del Vacío emanen las formas, que lo Manifestado surja de lo Inmanifestado, el Ser del No-Ser, el Todo de la Nada. La respuesta se halla en la Vibración del Vacío y en su despliegue y desenvolvimiento.

LO INMANIFESTADO Y SU MANIFESTACIÓN

Hablamos de las dos dimensiones que conviven en la Unicidad y Unidad de Dios a las que te has referido a menudo a lo largo de nuestras conversaciones...

Hoy –gracias a los avances científicos que venimos comentando– estamos en condiciones de discernir mejor esta doble dimensión de la Naturaleza de Dios, que es la nuestra: la «subyacente» –lo Inmanifestado– y la «superficial» –Manifestación de lo Inmanifestado.

Y la dimensión subyacente podemos describirla analógicamente como Vacío: Nada, No-Ser. Lo que enlaza con la percepción y la visión sostenidas por corrientes espirituales muy antiguas que nos hablan del Vacío como origen y sostén del Todo y, por tanto, de un Vacío que, siendo tal, llena el Todo. Por ejemplo, gracias a las aportaciones de la ciencia contemporánea podemos entender mejor lo expresado por el filósofo y místico hindú Nagarjuna en torno al año 200 d. de C.: «No puede denominársele Vacío, ni tampoco No-Vacío». Pero se le llama de este modo para dejar claro que está más allá de todo lo Manifestado, del mundo de las formas –sea cual sea su masa aparente– y de los fenómenos –en cualquiera de sus manifestaciones.

Y los atributos que el ser humano –en su introspección en su «verdadero ser» y «naturaleza esencial» y divinal– puede percibir de lo Inmanifestado son los que resumiste al hablar de la Naturaleza de Dios.

Efectivamente:

DIMENSIÓN SUBYACENTE
No-Nombre
Inmanifestado
No-Ser (nada existente)
Nada
Vacío
Increado
Concentración
Omnipotencia (no desear ni necesitar nada)
Transparencia
Inabarcabilidad
Instantaneidad
Reposo y Quietud
Unicidad
Simplicidad
Inmutabilidad
Fluido (Distensión)
Real (Lo que No-Es, Es)
Realidad

Y lo Manifestado...

La Vibración que emana de manera natural del Vacío, de lo Inmanifestado, es una Vibración Pura y Primigenia (VPP). Su frecuencia vibratoria es incomparable con relación a la vibración de cualquier partícula que sea algo (materia, energía...). Y del despliegue de la VPP surge lo Manifestado, con las características que, igualmente, compartimos en su momento:

DIMENSIÓN SUPERFICIAL
Todo lo nombrado y todo lo nombrable
Manifestado
Ser (Experiencia de Ser): Amor (Vida y Conciencia)
Todo (Espíritu } Verbo/Alma)
Vibración (Formas, Fenómenos...)
Engendrado } Creado
Emanación y Expansión
Inmanencia y Omnipresencia
Tao (*Ordo Amoris*)
Infinitud
Eternidad (momento presente continuo, aquí y ahora)
Silencio y Movimiento
Diversidad en la Unidad
Complejidad
Evolución y mutabilidad (inestabilidad)
Condensación (Tensión)
Irreal (Lo que es, no es)
Sueño, «realidad»

Al hilo de tus palabras, hasta parece sencillo de entender. Y estamos hablando de Dios...

A lo que ni tiene ni admite nombre (No-Nombre), hace miles de años lo llamaron Abba. Hoy muchos lo llaman todavía Padre, Padre/Madre, Alá... Y hay quienes lo denominan Fuente. Pero los nombres son lo de menos al tratar sobre Dios: No-Ser y Ser, Nada y Todo, Vacío y Plenitud. Y Uno y Único, por mas que, desde el discernimiento humano, se contemplen dos dimensiones: lo Inmanifestado (dimensión subyacente) y su Manifestación (dimensión superficial).

Lo Inmanifestado vibra (vive). Y a partir de esta Vibración Pura y Primigenia (VPP) surge lo Manifestado. La VPP es Amor. Y el Amor (VPP) se despliega en Vida –que es Una–, Conciencia –que es Una– y Experiencia (Experiencia de Ser) –que es Una.

ESPÍRITU, VERBO, ESPÍRITU SANTO, ALMA

Por tanto, de esta Vibración Pura y Primigenia surge lo que denominamos Creación.

Lo que es Inmanifestado (No-Nombre, No-Ser) se manifiesta en una Vibración Pura y Primigenia, que es Amor.

La VPP es el «Cántico del Vacío», expresado metafóricamente: en el sentir de escuelas espirituales orientales, un «OM» original y puro. Y este «OM» emana como Vibración del Vacío: es su Emanación, no su «creación».

El cristianismo denomina Cristo o Hijo de Dios («engendrado, no creado») a esta VPP. Tampoco aquí importa el nombre. Lo único significativo es lo que Es: Amor o Espíritu emanado del No-Nombre y con su misma «Esencia».

Y la VPP reverbera en el propio Vacío (la repulsión gravitacional sobre sí mismo, de la que nos habla la ciencia actual), generando el Verbo, que es el sostén de la Creación: la Creación acontece y se despliega a través del desenvolvimiento de la reverberación de la VPP, Vibración del Vacío, en el propio Vacío.

¿Cómo lo hace?

La Vibración Pura y Primigenia (Amor) hace eco en el propio Vacío (No-Nombre) y el «OM» original, la VPP, reverbera en una cadena de «om, om, om...», de frecuencia cada vez más débil o densa, que conforma el Verbo.

La VPP, Vibración Pura (de frecuencia no medible, «infinita») reverbera en el propio Vacío y desencadena el Verbo, cuya frecuencia vibratoria siempre es finita, por más que, impulsado constantemente por el Vacío, se despliegue y expanda («om, om, om,...») ondular y fractalmente en infinidad de gradaciones vibratorias, desde las frecuencias más elevadas hasta las más densas, aunque siempre finitas: así «aparecen» y toman «forma» y «cuerpo» todas las dimensiones y planos de existencia, todos los multiomniversos, omniversos, multiversos, universos, galaxias, sistemas solares, planetas, especies y formas y modalidades de vida, partículas y subpartículas que llenan y configuran la Creación.

Todos son plasmaciones de la misma Vida y Conciencia y, por tanto, del Amor. Y gracias al Amor, el Verbo se despliega en diversidad y libre albedrío dentro de la Unicidad y Unidad de cuanto Es.

En todas las formas y modalidades de Vida se encuentra presente la Vibración Pura y Primigenia. Se llama Espíritu

Santo a esta presencia concreta de la VPP –Amor, Cristo, Espíritu– en cada modalidad específica de Vida y existencia (verbigracia, en un ser humano).

Y esta «convivencia» entre la Vibración Infinita (VPP) y la finita (el Verbo) genera –la ciencia actual conoce este fenómeno como «efecto heterodinaje»– una tercera gama vibratoria, cuya frecuencia oscila entre la infinita de la Vibración Pura y Primigenia y la finita del Verbo, en la modalidad de vida o existencia en la que este, por su densificación vibratoria, se encuentre plasmado (se halla «hecho carne»).

Esta tercera gama vibratoria es el «Alma» (el *atman* de los hindúes). Con el impulso permanente de la Vibración Pura y Primigenia, se proyecta en el seno del propio Verbo, adquiriendo apariencia de diversidad dentro de la infinidad de las plasmaciones vibratorias del Verbo y contribuyendo a ampliar constantemente la Creación. Tal proyección en el Verbo es también fractal. Y en dimensiones como la tercera, se produce a través de una colosal serie de «encarnaciones» o «cadena de vidas».

Y en ella, en la tercera dimensión, el ser humano...

Toda modalidad o forma de vida existente en la Creación –como, por ejemplo, cada ser humano– es un sublime campo «ener-genético» y de ADN en el que conviven e interactúan en armonía la Vibración Pura y Primigenia (Cristo), la vibración densa de la correspondiente plasmación del Verbo (en el caso humano, el cuerpo físico-mental) y la tercera gama vibratoria (Alma), surgida de la convivencia de las dos anteriores.

De instante en instante, el Padre/Madre, sin Edad ni Nombre (No-Nombre), sin Cuerpo ni Ser (No-Ser), eclosiona en su propia Vibración y emana Amor, Conciencia y Vida, comenzando, fuera del tiempo y el espacio, la experimentación y exploración en el mundo de las formas y la materia a través de la Singularización y el Movimiento, resplandor y proyección de su Unicidad y Quietud.

Fue salir del útero común del No-Ser y empezar a Ser, Manifestación de lo Inmanifestado, adquiriendo el principio de la singularidad y el de la forma. En ese parto cósmico, el Padre/Madre se da a luz a sí mismo y se hace luz donde no la hay; la luz como reflejo y emanación vibratoria de un Vacío que contiene Todo de modo inherente e inmanente.

Se aporta el Padre/Madre la experiencia de Ser a través de cuerpos, en un comienzo solo energéticos, capaces de aproximarse lo suficiente a la materia viva en plena ebullición y, así, empaparse de su energía. Y en el marco de la Eternidad y el no-tiempo, surgen los primeros cuerpos físicos en los que la aproximación a la materia es total, exponiendo a las consciencias a su máximo reto: partir desde singularidades totalmente inconscientes y primitivas hacia la suprema lucidez consciencial y fusión con el Todo, en un retorno al Hogar impulsado por el Amor que rige la Evolución.

Aescareferomj (Az-San, 13-04.24)

En cada encarnación en el plano humano, el Alma cuenta con el «apoyo» constante de la Vibración Pura y Primigenia, que la alienta como Espíritu Santo a aumentar su frecuencia vibratoria, elevando, en paralelo, la gradación vibratoria de la Dimensión del Verbo en la que acontece la encarnación.

Todo lo precedente ocurre fuera del tiempo, en la más radical Instantaneidad, tomando forma de Eterno Retorno o circularidad y de manera absolutamente natural, conformando una Gran Naturaleza, tan viva como Divina, cuyo estado natural es la Felicidad y donde Todo Es (Perfecto) y Acontece y todo fluye, refluye y confluye en el Amor.

En esa Gran Naturaleza, ¿dónde se sitúa y qué papel juega el «Maligno», Satanás o comoquiera que le apodemos?

Fuera de supersticiones y libre de miedos, con tal apelativo se describen dimensiones espirituales que han tomado conciencia de que Dios es yo, pero pretenden que ese yo sea Dios sin dejar de ser «yo».

Por tanto, no conciben ni practican el endiosamiento como un proceso y un camino de «ida» (Dios es yo) y «vuelta» (y yo soy Dios cuando ceso de ser «yo»), lo que precisa Humildad, sino que se quedan a medias e instalados en la soberbia, desean ser Dios sin dejar de ser «yo»: quieren ser «Dios» desde la separación de Dios. Y, con este objetivo, persiguen «gobernar» mundos y tener como «súbditos» a las dimensiones espirituales encarnadas en las formas de vida en ellos existentes.

Pero no pasa nada. También estas experiencias tienen su papel y forman parte de la Evolución y de la expansión de la Conciencia. Verbigracia, en el plano humano, su presencia es fundamental para poder desplegar la «experiencia dual» y experimentar los dualismos («luz» y «oscuridad», «bien» y «mal»...) a ella ligados. Y la Gran Naturaleza que es la Creación hace suyo e interioriza semejante comportamiento sabiendo que todo cuenta con su porqué y su para qué en el seno del proceso consciencial y evolutivo.

Desde el Amor que Somos, envolvamos con la Frecuencia de Amor a quienes experimentan tamaña esquizofrenia consciencial, que también están plenamente integrados –no puede ser de otra forma– en la Unidad y en la Unidad de Dios.

LA MATRIZ HOLOGRÁFICA

En este formidable marco, lo Manifestado es proyección vibratoria de lo Inmanifestado. ¿Es por esto por lo que cabe hablar de la Creación como una especie de gigantesca y descomunal Matriz Holográfica?

Lo Inmanifestado está más allá de la razón y el intelecto y solo puede ser presentido e intuido desde una introspección interior que –guiada por el Corazón– nos adentre en nuestro «verdadero ser» y «naturaleza esencial» hasta la identificación con el Padre/Madre.

En cuanto a lo Manifestado –que es todo lo engendrado y creado como proyección vibratoria de lo Inmanifestado–, es un campo vibratorio sin principio ni fin con cinco características fundamentales:

- La base esencial de lo Manifestado –la causa directa de su existencia– es la Vibración Pura y Primigenia (VPP o Vibración del Vacío) que emana natural y espontáneamente de lo Inmanifestado.
- La VPP, siendo Vibración Pura de lo Inmanifestado, reverbera (Verbo) en el propio Vacío Inmanifiesto. Y este Verbo o reverberación constituye el «soporte existencial» de lo Manifestado: una Red infinita de ADN preexistente a la Vida misma; una especie de rejilla supercuántica, subcuántica, supersimétrica e interactiva de naturaleza vibratoria y envergadura infinita.
- Y sobre esta Red se configura –vibratoria y holográficamente– la Creación y, en el seno de ella, el cosmos, con todos sus componentes: formas, fenómenos, modalidades de vida y existencia... Todos son Uno, aunque adquieran apariencia de diversidad al

condensarse en su desenvolvimiento vibratorio en infinidad de frecuencias vibratorias (el ser humano intenta comprenderlas, agruparlas y catalogarlas a través de las llamadas dimensiones).

- Cada uno de los componentes de la creación –a la escala «macro» o «micro» que sea– son «hologramas» dentro del Gran Holograma que es la Creación y lo Manifestado, como proyección vibratoria de lo Inmanifestado, y no poseen sustancialidad. Por tanto, la Creación entera es una «realidad virtual» y carece de tangibilidad y «aspecto» concreto.
- Por último, cada modalidad de vida existente en la Creación –siendo todas de entidad igualmente holográfica– otorga a la Creación y sus componentes el aspecto, forma, identidad y características derivados de las percepciones conscienciales asociadas al tipo de holograma (frecuencia vibratoria) del que se trate, con las «ventanas» conscienciales que tenga asociadas.

La Creación es un holograma sin forma ni fisonomía de vibración en desenvolvimiento. Y el aspecto y las formas con los que cada modalidad de vida la «ven» están en función de las ventanas conscienciales propias de cada una de ellas.

Y al ser humano, ¿también le es de aplicación esto último?

El ser humano no es, por supuesto, una excepción. Al identificarse con su componente material y mental –que realmente es otro holograma–, contempla el Gran Holograma de la Creación desde las ventanas conscienciales de su cuerpo físico, es decir, los sentidos corpóreo-mentales.

Pero, al «mirar» por estas «ventanas», no visualiza algo objetivo, sino un Gran Holograma que toma la forma y los perfiles coherentes y congruentes con las características de las propias «ventanas» y el estado consciencial que se proyecta a través de ellas.

LA VIDA ES SUEÑO

Entonces... ¿la vida es sueño, tal como afirmó Calderón de la Barca?

Todo lo Manifestado, al ser una proyección de lo Inmanifestado, puede ser considerado un sueño o un estado de ilusión (*maya*).

La visión de la vida como sueño hunde sus raíces en la noche de los tiempos y se halla presente en numerosas culturas, desde la espiritualidad hindú hasta la tradición judeocristiana o musulmana, pasando por la mística persa, el budismo o la filosofía griega.

Por ejemplo, en el hinduismo, el dios Visnú yace acostado en la inabarcabilidad del Vaikunta –mundo espiritual de lo Inmanifestado o dimensión subyacente de Dios– y su sueño genera todo lo Manifestado, la dimensión superficial de Dios.

En la esfera del sufismo, Ibn Arabí lo describió metafóricamente señalando que «el universo es la sombra de Alá». Y en la Grecia clásica, destaca Platón y su célebre «Alegoría de la Caverna», con la que –al comienzo del Libro VII de *La República*– profundiza en la convicción de que el ser humano vive en un mundo de sueños, preso en una cueva de la que solo puede liberarse desistiendo de la materia y alcanzando la luz.

No obstante, pocas obras de la literatura universal han sabido aproximarse de manera tan certera a que la vida es sueño como la que lleva esto como título: *La vida es sueño*. Su creador –el dramaturgo madrileño Pedro Calderón de la Barca, autor también de obras como *El gran teatro* (o *mercado*) *del mundo*– plasma en el formato de teatro lírico la citada concepción platónica, especialmente a través de su protagonista –Segismundo–, quien vive, al principio, en una cárcel, en donde permanece en la más completa oscuridad por el desconocimiento de sí mismo. Y solo cuando es capaz de conocerse a sí mismo, consigue la luz.

¿También la ciencia contemporánea está ayudando a comprender algo tan extraordinario?

La ciencia está aportando hoy datos e información fundamentales para entender el significado profundo de este convencimiento de que la vida es sueño. Muy especialmente, la teoría de cuerdas y la teoría del principio holográfico, ambas en la vanguardia de la física contemporánea.

La primera explica cómo la única característica cierta de la materia es su inmaterialidad y de la energía, su insustancialidad.

¿Cómo es posible?

Debido a que, bajo las formas materiales y energéticas, se encuentra presente la vibración (a ella apunta el término «cuerda», que da nombre a la teoría), por lo que se confirma que «la forma es vacío», ya que, en última instancia, esta vibración presente bajo las formas se desencadena a partir del desenvolvimiento y reverberación (Verbo) de la Vibración Pura y Primigenia del Vacío.

LA VIDA ES SUEÑO
(final del segundo acto, en boca de Segismundo)

[...] estamos
en mundo tan singular,
que el vivir solo es soñar;
y la experiencia me enseña
que el hombre que vive, sueña
lo que es, hasta despertar.
Sueña el rey que es rey, y vive
con este engaño mandando,
disponiendo y gobernando;
y este aplauso, que recibe
prestado, en el viento escribe [...]
Sueña el rico en su riqueza,
que más cuidados le ofrece;
sueña el pobre que padece
su miseria y su pobreza;
sueña el que a medrar empieza,
sueña el que afana y pretende,
sueña el que agravia y ofende,
y en el mundo, en conclusión,
todos sueñan lo que son,
aunque ninguno lo entienda.
Yo sueño que estoy aquí
de estas prisiones cargado,
y soñé que en otro estado
más lisonjero me vi.
¿Qué es la vida? Un frenesí.
¿Qué es la vida? Una ilusión,
una sombra, una ficción,
y el mayor bien es pequeño;
que toda la vida es sueño,
y los sueños, sueños son.

Pedro Calderón de la Barca

Y, a la vez, «el vacío es forma», dado que el Vacío, mediante la reverberación de su VPP, genera esa vibración que en todo subyace y que adquiere distintas «apariencias» o formas materiales y energéticas en función de la frecuencia (más o menos elevada y, por ende, de menor o mayor densidad) que adopte en su despliegue por los diversos niveles, planos y dimensiones del cosmos y la Creación, Manifestación de lo Inmanifestado.

Y ¿qué dice con relación a todo ello la teoría del principio holográfico?

El «principio holográfico» parte de las teorías de la gravedad cuántica propuestas por Gerard't Hooft (Premio Nobel de Física en 1999) y Leonard Susskind (fue el primero en presentar, en el año 2003, la idea de la teoría de cuerdas) y gira en torno a un postulado central: la entropía de una región del espacio o de una masa ordinaria es directamente proporcional no a su volumen, sino a su área superficial. Por esto, la masa, a la que nos referíamos antes en la entrevista, no ocupa un volumen –tal como hasta ahora pensábamos y nuestros sentidos corpóreo-mentales parecen mostrar–, sino un área.

Y esto desemboca en una conclusión sorprendente y rompedora de nuestros esquemas mentales: el volumen es, en sí mismo, ilusorio, y el universo constituye, realmente, un holograma.

Francamente fascinante.

En suma, la «realidad» –el mundo y el cosmos en el que el ser humano despliega su experiencia vital y consciencial– es un magno escenario holográfico donde:

- La masa es solo una «propiedad» que un bosón (vibración del vacío) otorga a las partículas elementales.

- El volumen es, en sí mismo, una ilusión.
- La materia y la energía no son sino pura «apariencia», pues su esencia es vibratoria y, en última instancia, vacuidad.

A todo ello y a sus colosales y múltiples consecuencias prácticas en la vida cotidiana –la ciencia aún las desconoce, pues todavía está intentando asimilar e interiorizar lo ya descubierto– se referían corrientes espirituales ancestrales al describir la realidad como ilusión y la vida como sueño.

Ahora bien, como ya se ha insistido en nuestros diálogos, el sueño puede ser experimentado «despierto» –es decir, consciente de que de un sueño se trata– o «dormido» –sin esa conciencia y sumido en la ensoñación–. Y lo que diferencia a un estado del otro es la toma de conciencia sobre nuestro «verdadero ser» y «naturaleza esencial».

Lo apuntaste especialmente cuando hablamos del sufrimiento. Ahonda ahora en ello, por favor...

Para esto debemos retomar lo que hemos comentado en esta conversación con relación a la «física de la Deidad», en general, y a la configuración del ser humano como cuerpo, Alma y Espíritu, en particular, pues Espíritu, Alma y cuerpo constituyen nuestro ser, tal como afirmó Pablo de Tarso en su Primera Carta a los Tesalonicenses (5,23).

Empezando por el Espíritu, es la Vibración Pura y Primigenia que emana –como hemos visto– de lo Inmanifestado, del Vacío que caracteriza a la dimensión subyacente de Dios. En términos cristianos, el Espíritu se engendra desde el Padre, por lo que es su «Hijo»: Cristo.

Y el Espíritu se halla presente e inmanente –«vive» («vibra»), «es», «mora» y «habita»– en todas las modalidades, fenómenos y formas de vida y existencia que hay en lo Manifestado, en la Creación. No en balde, todas son plasmación (Manifestación) de la infinidad de frecuencias vibratorias (de las más sutiles y «descondensadas» a las más densas y «condensadas») que adopta en su desenvolvimiento la vibración surgida, a su vez, de la reverberación (Verbo) de esa Vibración Pura y Primigenia.

Volviendo al cristianismo, el «Espíritu Santo» es esta presencia efectiva y concreta del Espíritu –que es Uno– en todos y cada uno. Y tomar conciencia de nuestro «verdadero ser» pasa ineludiblemente por percibir tal presencia y «activar» el Espíritu Santo que hay en nosotros: como se compartió a propósito de la parábola del «hijo pródigo», percibir que «No vivo yo, es Cristo (el «Hijo», el Espíritu y como «Espíritu Santo») quien vive en mí» e, íntimamente ligado a ello, que «Yo (Hijo, Espíritu) y el Padre somos Uno».

Pero, al hilo de los avances de la física, todas las modalidades y formas de vida son hologramas en un universo holográfico.

Todas las modalidades y formas de vida y existencia –sean corporales, materiales o energéticas– en las que el Espíritu se encuentra presente se caracterizan por su inmaterialidad e insustancialidad: efectivamente, son hologramas en un universo holográfico.

El Espíritu, Uno, «es» y se desenvuelve a través de su «presencia» en infinidad de hologramas que tienen apariencia de singularidad, tangibilidad e, incluso, individualidad, por más que todos sean plasmación, en muy diversas frecuencias vibratorias, de la misma vibración surgida por la reverberación (Verbo) de la Vibración Pura y Primigenia.

Lo Manifestado surge de lo Inmanifestado. Y el Espíritu, emanado de lo Inmanifestado como VPP, «vive» («vibra») y «es», siendo Uno, en cada modalidad y forma de vida y existencia –son infinitas– en las que se plasma lo Manifestado.

Y todas son hologramas...

Hologramas de una «tecnología» tan excelsa como para que todos interaccionen e intersecionen entre sí, configurando una gigantesca Matriz Holográfica. Y como para que en el seno de cada holograma convivan dos esferas o capas holográficas de distinta funcionalidad: una, con capacidad para transcender el tiempo y el espacio y desplegarse por distintos niveles, planos y dimensiones vibratorias, conscienciales y experienciales; y otra, más efímera y pasajera, que es utilizada por la anterior para «aterrizar» («encarnar») en cada nivel o plano concreto de existencia (por ejemplo, la humana).

Aplicando todo esto al ser humano, esta segunda capa holográfica conforma el «cuerpo», con todo lo que conlleva (mente, sentidos corpóreo-mentales...), cuya duración se limita a los años que dé de sí su vida física. Y la primera esfera holográfica citada es la comúnmente denominada «Alma», que cuenta con la capacidad de «encarnar» en otro cuerpo en la medida en la que cesan las funciones vitales (muerte) del que «ocupaba», viviendo una cadena de vidas con infinidad de eslabones (cada una de las reencarnaciones), atesorando en su «Memoria trascendente» las experiencias vividas en cada encarnación y haciendo de cada nueva vida una extensión de lo experimentado en las precedentes (karma).

Subyacente a todo ello se halla el Espíritu que, siendo Uno con el Padre, se encuentra presente e inmanente en cada persona. Expresado muy coloquialmente, el Espíritu es el conductor dentro de un vehículo –el Alma– que, para operar y desarrollar su funcionalidad, utiliza, a su vez, otro vehículo –el Verbo–, la plasmación específica de este en una forma de vida y existencia, como el cuerpo humano.

Eso sí, todo es Divino en el ser humano –el Espíritu, el Alma y el cuerpo–, pues Dios es Uno y Todo. Además, el cuerpo y el Alma –siendo «vehículos» holográficos al servicio del Espíritu– surgen a partir del propio Espíritu: el cuerpo, su vibración, está integrada en el Verbo, es decir, en la reverberación del Espíritu o Vibración Pura y Primigenia emanada de lo Inmanifestado; y el Alma es fruto de la convivencia vibratoria y el efecto heterodinaje entre el Verbo, reverberación de la VPP o Espíritu, y el mismo Espíritu.

Y, siendo este Uno con el Padre, todo es el Padre/Madre: el Espíritu es engendrado (Emanación) por el Padre, y el Verbo –en el que se incluye el cuerpo– y el Alma son creados (Creación) desde el Espíritu engendrado por el Padre.

Tanto la Emanación (Espíritu) como la Creación (Verbo –donde se inserta el cuerpo– y Alma) conforman lo Manifestado, que es proyección de lo Inmanifestado (el Padre/Madre). Con lo que retornamos de nuevo a la parábola del «hijo pródigo», cuyo objetivo es –como se subrayó– que nos identifiquemos solo con el Padre, que es nuestro «verdadero ser» y «naturaleza esencial».

¡Ajá…! Todo cuadra y encaja.

Cuando tomamos conciencia de todo ello, ya no nos aferramos a ningún tipo de identidad –sea física, álmica o espiritual; individual o colectiva– y cesamos de ser «yo» para –consciencialmente y en libre albedrío– retornar al Hogar y fundirnos en el Padre/Madre. Y esto posibilita que el sueño sea experimentado «despierto».

En caso contrario, no nos percatamos de nuestro «verdadero ser» y «naturaleza esencial» y divinal, nos identificamos con el holograma (bien su capa corpóreo-mental, bien su esfera álmica) y consideramos realidad lo que es una proyección holográfica, una ilusión (*maya*): el sueño se considera «realidad» y se vive en la ensoñación.

Es por esto –por la falta de esa toma de conciencia– por lo que tantos hombres y mujeres pasan sus días como sonámbulos inmersos en una especie de pesadilla, que adquiere apariencia de veracidad y sustantividad al desenvolverse en una colosal Matriz Holográfica que configura lo que llaman «realidad».

En semejante estado de ensoñación, la gente vivencia como «Real» lo que son solo ilusiones mentales y ficciones egoicas. De hecho, en la Matriz Holográfica todo es verdad, pero nada es Real. Y entre tales ficciones, destaca la percepción de «sufrimiento».

Pero el sufrimiento no existe fuera de la Matriz; el sufrimiento no existe fuera del aferramiento al holograma y a una «naturaleza egocéntrica». Es más, fuera de la Matriz, no existe ni es nada que pueda ser concebido, experimentado ni expresado en clave de «yo», «me», «mí», «mío» o «mi».

DESPEDIDA

Muchas gracias, Emilio. Te agradezco el esfuerzo que has hecho para sintetizar los contenidos básicos de la «física de la Deidad» en el contexto de una entrevista y con la brevedad que este marco exige.

Gracias a ti por hacerlo posible, y mis disculpas a los lectores por mi torpeza a la hora de compartir y comunicar lo que la «física de la Deidad» conlleva, contiene y representa.

No seas tan humilde...

No lo olvides: la Humildad es consecuencia del endiosamiento.

Desde luego, se te nota el «entusiasmo».

¡Ja, ja, ja...!

En cualquier caso, ha llegado el momento de cerrar no ya la presente entrevista, sino la serie –seis en total– que hemos mantenido. ¿Te gustaría compartir algo más antes de despedirnos?

Pues sí, hay algo. Pero, si no tienes inconveniente, lo plasmo fuera de este diálogo como capítulo aparte, como epílogo y colofón de nuestras conversaciones.

Por mí, ¡encantado!

Muchas gracias.

No «estáis» en un permanente cambio, «Sois» constantemente mucho más que «cambio», porque sois Evolución. Fluid en ella. No os resistáis, pues la resistencia es la raíz del sufrimiento. Lo Real es que ningún acontecimiento tiene la capacidad de haceros feliz o infeliz. Vosotros elegís el presente y no tenéis que hacer nada por encontrar la Felicidad, pues es vuestro estado natural. Sentidla, sostenedla en conexión con vuestro ser interior, y se reflejará en vuestro exterior. No temáis por todo aquello que quede en vuestro pasado, ni deis vueltas mentales a las razones por las cuales ya no estará en vuestro futuro. Tampoco acerca de lo que este os deparará. Simplemente, ¡vivid viviendo! Solo disponéis de un día: ¡hoy!, y de un instante: ¡ahora! Tened presente que no tenéis que demostrarle nada a nadie –tampoco a vosotros mismos–, ni hacer nada por nadie, ni aportarle nada a nadie. Estas ficciones mentales enturbian vuestra vista.

Observad que todas las circunstancias y personas que estuvieron, están y estarán en vuestras vidas son realmente convocadas y atraídas por cada uno de vosotros, en función de vuestro propio proceso consciencial y evolutivo. Animaos a explorar la vida sin miedos y amaos a vosotros mismos tal y como sois, aceptándoos y aceptando los procesos de los demás. Y respetad vuestros sentimientos tal y como son, sin culpas. Recordad: no hay errores, solo experiencias. Y estas carecen de color –no son ni buenas ni malas, ni positivas ni negativas...–, sino que todas tienen su porqué y su para qué en el marco de vuestra Evolución. Eliminad todo tipo de sufrimiento y toda clase de miedos, apoyaos en vuestros dones y ¡vivid!

¡Vivir viviendo! Este es vuestro único y verdadero proyecto de vida. Soltad lastres y autolimitaciones mentales, desplegad vuestras habilidades y talentos y vivid en Libertad y sin miedos. Sois la Esencia misma, lo que no se puede definir, lo que no se puede describir. Vuestra naturaleza es divinal, y sois cada uno la prueba más evidente de la existencia de un Todo.

No son tiempos de aprender. Solo recordad y aplicad lo que ya sabéis. Identificaos con el Padre/Madre, pues la Esencia crística está en vosotros. Es pura Esencia y Vibración de Amor. Todas las respuestas se hallan en cada uno de vosotros y la Esencia misma del Padre esta en ti, en ti, en ti, en ti, en ti y en ti.

Recordad: el futuro no se predice, se crea. Hay decisiones que inquietan a la mente, pero la Paz forma parte también de vuestro estado natural. La mente dirá que es difícil, mas vuestro «verdadero ser» sabe que todo os es posible.

Aescareferomj (Az-San, 13-06.17)

EPÍLOGO

BLOWING IN THE WIND

¿Qué es tu vida?

Miedo y vanidad; vanidad y miedo. Y una huida constante –ansiando desesperadamente tu cuidado y tu contento– del sufrimiento originado precisamente por la vanidad y el miedo.

No te digo esto para que cambies –no pretendo que tú ni nada cambie–, sino para que te observes. Como quien se mira en un espejo.

Y al observarte, te aceptes a ti mismo y, a partir de ahí, a los demás y cuanto te rodea. Y al aceptar, ames. Y al amar, te sientas amado por la Vida y la Creación. Y al sentirte amado, te rindas.

¡Ríndete! Total y definitivamente. Comprobarás, entonces y solo entonces, que la Rendición no es fruto de la impotencia, sino del empoderamiento; que no es efecto de tu pequeñez, sino del endiosamiento que florece al constatar que Dios es yo y que yo soy Dios cuando todo cesa y dejo de identificarme con cualquier tipo de identidad, sea física, álmica o espiritual, sea individual o colectiva.

Con la Rendición explosionará en ti –de manera natural y sencilla– una Nueva Vida que no puede ser pensada, ni conceptualizada ni predefinida. En ella luce exclusivamente la Bandera Blanca de la Rendición plena.

Para que ondee y se despliegue en su colosal dimensión y hermosura, insuflará la Bandera Blanca una Libertad radical y completa, que emanará de tu interior, como espléndida y sutil brisa de Amor.

Es una brisa suave, sí, pero implacable. Te despojará de cuanto has sido, tenido, anhelado y temido; te impulsará al abandono y al desalojo hasta vaciarte de toda vanidad, en cualquiera de sus manifestaciones, y finalmente te llevará a donde le dé la gana.

Y tú no tendrás miedo. Vacío y sin nada ni necesidad de nada, te dejarás llevar, fluirás y no tendrás miedo. Nunca jamás.

La Confianza habrá anclado para siempre en tu Corazón y tú ya no serás tú: sabrás bien lo que supone «nacer de nuevo». Y te habrás transformado en el Viento que todo lo mece, todo lo acuna y todo lo ama, pues es el Amor mismo y puro.

¿Qué es tu vida?

La respuesta –como intuyó Dylan– está flotando en el Viento (*Blowing in the Wind*).

Y el Viento es tú, que Eres Yo, como Yo Soy tú. Es decir, Amor. Es decir, Dios.

UN OCÉANO DE SILENCIO: TU DESTINO, TU ORIGEN

¿A dónde puede llevarnos ese Viento?

¡Al lugar desde donde aquí nos trajo!

La Brisa del Amor nos lleva a nuestro Origen; al toroide de la Creación, a lo Inmanifestado que genera lo Manifestado; a la dimensión «subyacente» de Dios desde la que se configura su dimensión «superficial»; a la Quietud que se despliega en Movimiento y desde donde todo fluye, refluye y confluye en el Amor de cuanto Es y Acontece.

¿No lo entiendes? ¡Activa tu «recuerdo»!

Tú –el «verdadero ser» que eres más allá de tu actual corporeidad– ya experimentaste, antes de tu presente forma humana, la Rendición plena: ya te desprendiste de toda vanidad; ya lograste la Libertad absoluta, que conlleva también no renunciar a nada, y ya permitiste, sin sentir ningún miedo, que la Brisa del Amor te llevara a donde le diera la gana.

Por eso, la Rendición, la Libertad y la ausencia de vanidad y miedo –aun desconcertando a tu mente física– resuenan tanto en tu Corazón.

Y por eso precisamente estás aquí encarnado como ser humano: porque la Brisa del Amor te trajo a esta dimensión, a este mundo.

¿Lo recuerdas ahora?

Conocías los riesgos, pero no tuviste miedo porque de miedo carecías.

Sabías que, al «aterrizar» en este plano, se borraría tu Memoria y olvidarías quién eras y de dónde venías. Pero también –consciente de tu poder divino– que el «recuerdo» se iría activando en ti paulatinamente hasta llegar a ser completo. Y que en ese momento inefable –que compensaría con creces todos los avatares de la travesía–, acontecería el Milagro y te darías cuenta de que el final de tu proceso consciencial humano es, a su vez, el inicio, que la meta no es otra que la línea de salida; que el destino del viaje es su punto de arranque en un Eterno Retorno y que semejante experiencia la has vivido voluntariamente por Amor, solo por Amor, que es lo que realmente Eres, Somos y Todo Es en y desde el No-Ser.

Este es el «Gran Recuerdo» que está aflorando de tu interior: eres Amor, y el Amor es la única razón de este viaje de ida y vuelta al Paraíso con el que estás plasmando «El Cielo en la Tierra» para desplegar tu capacidad cocreadora, expandiendo la Creación y la Vida, ampliando las dimensiones y la Conciencia y generando nuevos mundos y modalidades de vida y existencia.

Y el final del viaje –que no es sino su inicio–, el lugar al que estás ahora desembocando –que no es otro que tu Hogar, desde donde te proyectaste aquí dejándote llevar por la Brisa del Amor–, ya puedes entreverlo en el horizonte que dibuja tu Corazón en el aquí y ahora y constatar que siempre ha estado bajo tus pies, a cada paso de tu Viaje. Sí, ya puedes presentirlo en el momento presente, aunque sea difícil de describir con palabras. ¡Es tan bello, tan bello...! ¡Es tan sublime e inefable...! Se parece a «Un Océano de Silencio», sin un centro o principio, siempre en calma (http://www.youtube.com/watch?v=JYUs7y9nNuc&noredirect=1).

«VIVIR VIVIENDO»

Por tanto, libre ya de toda carga y sin las cadenas del «debo» y «tengo que», goza como un «niño» en el «vivir viviendo».

«Vivir viviendo». En el aquí y ahora, de instante en instante, y centrado en tu «verdadero ser» y «naturaleza esencial» y divinal, que bien sabes ya que son los de todos y Todo.

«Vivir viviendo». Con Confianza en la Providencia y en la Vida y en continua Frecuencia de Amor.

«Vivir viviendo». Ejercitando de manera natural y espontánea tus dones y talentos –cada cual cuenta con los suyos– ante los hechos, sucesos y acontecimientos que la propia Vida –no la programación mental ni la búsqueda de bienestar– vaya poniéndote por delante.

«Vivir viviendo». Colocando en tu día a día espacios de Silencio y ocasiones para conectar con la Quietud que atesoras en tu interior divino y eterno. Podrás así salir de la Matrix, donde tantas preguntas, tareas y diatribas mentales bullen y atan. Instálate en esa Quietud, hasta integrarte en la No-Identidad y volcarte en lo que realmente Eres y Es: No-Ser.

Y, a partir de ahí, vuelve a la Matrix y sal y entra en ella cuanto quieras: ¡juega a crear! como el «niño» que eres y con su entusiasmo («Dios en ti»). Y la identidad con la que en la Matrix te percibes, asúmela como lo que es: un holograma, mera ilusión o ensoñación. Y despliégala en un Movimiento que sea el resplandor de la Quietud. Lo que significa disfrutar de una Vida Sencilla y Alegre, libre de vanidad y miedos.

CESÓ TODO

Se acabaron las palabras, los pensamientos, las ideas, los análisis, los razonamientos, los esquemas conceptuales, las experiencias duales... Cesó todo: soy Amor. Y desde el Amor que soy, me despreocupo del «qué» y centro el Corazón en el «cómo», ejercito los dones y talentos y acompaño todo lo que ocurre, que observo, acepto y no juzgo como mi propia proyección en la Unicidad de cuanto Es y Acontece.

La Iluminación te envolverá desde la contemplación de su absoluta innecesariedad. Sin deseos ni rechazos, sin apegos ni desapegos, sin anhelos ni renuncias. Rendido en la Omnipotencia y libre en el «vivir viviendo», la Unificación en la Unicidad habrá expandido aquello que se consideró «tú» en algún instante del momento presente continuo en el que lo eterno se desenvuelve.

¡Bienvenido, «hijo pródigo», al Hogar! ¡Bienvenido, «hermano mayor», al Padre/Madre!

Yo y el Padre/Madre somos Uno. Y Yo Soy tú, como tú eres Yo.

En el Amor, desde el Amor, con Amor, para el Amor.

ÍNDICE

Prólogo 9
Introducción 13
El Padre/Madre 25
La naturaleza de Dios, que es la nuestra 61
Sufrimiento 91
La innecesariedad de hacer 123
Evolución 157
Física de la Deidad 187
Epílogo 223